AVANT ET APRÈS

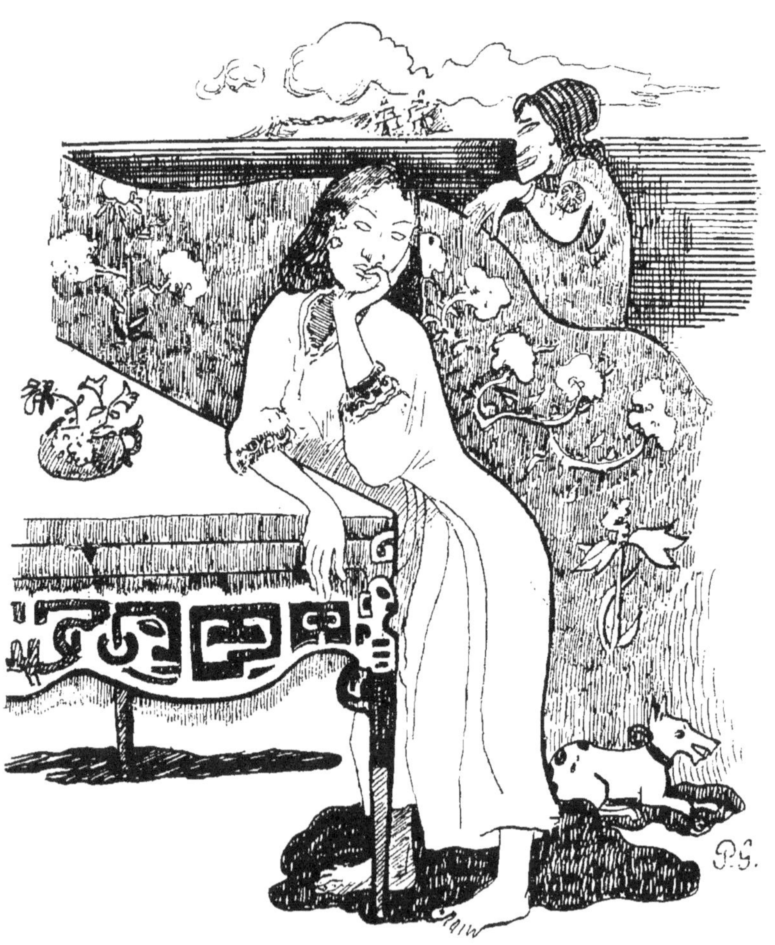

à quoi penses-tu ? Je ne sais pas

PAUL GAUGUIN

AVANT ET APRÈS

AVEC LES VINGT-SEPT DESSINS
DU MANUSCRIT ORIGINAL

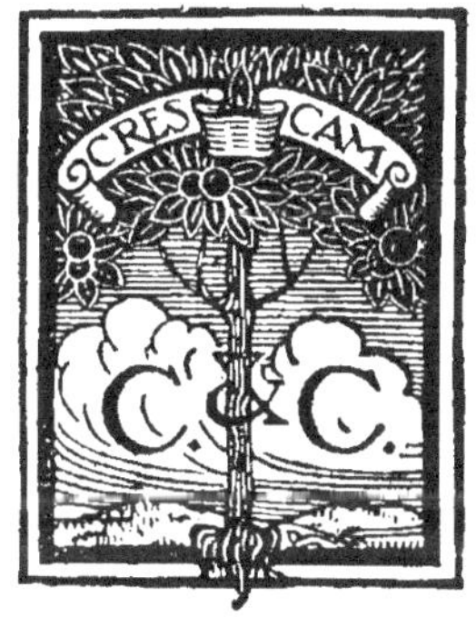

PARIS

LES ÉDITIONS G. CRÈS ET Cⁱᵉ

21, RUE HAUTEFEUILLE, VIᵉ

MCMXXIII

A ANDRÉ FONTAINAS

PAUL GAUGUIN

AVANT ET APRÈS

Ceci n'est pas un livre. Un livre, même un mauvais livre, c'est une grave affaire. Telle phrase du quatrième chapitre excellente serait mauvaise au deuxième, et tout le monde n'est pas du métier.

Un roman. Où cela commence-t-il : où cela finit-il. Le spirituel Camille Mauclair en donne la forme définitive : c'est entendu jusqu'à ce qu'un nouveau Mauclair vienne à son heure nous annoncer une forme nouvelle.

Prise sur le vif, la réalité n'est-elle pas suffisante pour qu'on se passe de l'écrire? Et puis on change.

Autrefois je haïssais George Sand, maintenant Georges Ohnet me la rend presque supportable. Dans les livres d'Émile Zola, les blanchisseuses comme les concierges parlent un français qui ne m'enthousiasme pas. Quand elles cessent de parler, Zola, sans s'en douter, continue sur le même ton et dans le même français.

Je ne voudrais en médire, je ne suis pas du

métier. Je voudrais écrire comme je fais mes tableaux, c'est-à-dire à ma fantaisie, selon la lune, et trouver le titre longtemps après.

Des mémoires ! c'est de l'histoire. C'est une date. Tout y est intéressant. Sauf l'auteur. Et il aut dire qui on est et d'où l'on vient. Se confesser : après Jean-Jacques Rousseau c'est une grave affaire. Si je vous dis que par les femmes je descends d'un Borgia d'Aragon, vice-roi du Pérou, vous direz que ce n'est pas vrai et que je suis prétentieux. Mais si je vous dis que cette famille est une famille de vidangeurs, vous me mépriserez.

Si je vous dis que du côté de mon père ils se nommaient tous des Gauguin, vous direz que c'est d'une naïveté absolue : m'expliquant sur ce sujet, voulant dire que je ne suis pas un bâtard, sceptiquement vous sourirez.

Le mieux serait de se taire, mais se taire quand on a envie de parler, c'est une contrainte. Les uns dans la vie ont un but, d'autres n'en ont pas. Depuis longtemps on me rabâche la Vertu : je la connais, mais je ne l'aime pas.

La vie c'est à peine une division d'une seconde.

En si peu de temps se préparer une Éternité ! ! !

Je voudrais être un cochon : l'homme seul peut être ridicule.

Jadis les grands fauves ont rugi ; aujourd'hui ils sont empaillés. Hier j'étais du 19ᵉ, aujourd'hui

je suis du 20e et je vous assure que vous et moi
nous ne verrons le 21e. A force de vivre on rêve
une revanche, et il faut se contenter du rêve.
Mais le rêve s'est envolé, le pigeon aussi, histoire
de jouer.

Je ne suis pas de ceux qui médisent quand
même de la vie. On a souffert, mais on a joui et
si peu que cela soit c'est encore de cela qu'on se
souvient. J'aime les philosophes, pas trop cependant, quand ils m'ennuient et qu'ils sont pédants.
J'aime les femmes aussi quand elles sont vicieuses
et qu'elles sont grasses : leur esprit me gêne, cet
esprit trop spirituel pour moi. J'ai toujours voulu
une maîtresse qui fût grosse et jamais je n'en ai
trouvé. Pour me narguer elles sont toujours avec
des petits.

Ce n'est pas à dire que je sois insensible à la
beauté, mais ce sont les sens qui n'en veulent pas.
Comme on voit, je ne connais pas l'amour et pour
dire : je t'aime, il me faudrait casser toutes les dents.
C'est vous faire comprendre que je ne suis point
poète. Un poète sans amour ! ! ! Et en cette raison,
les femmes qui sont malignes le devinent : aussi
je leur déplais.

Je ne m'en plains pas, et comme Jésus je dis :
« La chair est chair, l'esprit est Esprit. » Grâce
à cela pour quelque menue monnaie ma chair
est satisfaite et mon esprit reste tranquille.

Me voilà donc présenté au public comme un

animal dénué de tout sentiment, incapable de vendre son âme pour une marguerite. Je n'ai pas été Werther, je ne serai pas Faust. Qui sait ? les vérolés et les alcooliques seront peut-être les hommes de l'avenir. La morale m'a tout l'air d'aller comme les sciences et tout le reste vers une morale toute nouvelle qui serait peut-être le contraire de celle d'aujourd'hui. Le mariage, la famille, et un tas de bonnes choses dont on me corne les oreilles m'ont tout l'air de voyager considérablement en locomobile à grande vitesse.

Et vous voulez que je sois de votre avis?...

Le couche avec est une grosse affaire.

En mariage le plus cocu des deux est l'amant, ce qu'une pièce du Palais-Royal dit : « Le plus heureux des trois. »

J'avais acheté à Port-Saïd quelques photographies. *Le péché commis, ab ores,* chez moi, sans détours, dans l'alcôve, elles figuraient. Les hommes, les femmes, les enfants en ont ri ; presque tout le monde enfin : cela fut un instant et l'on n'y pensa plus. Seuls, les gens qui se disent honnêtes ne vinrent pas chez moi et seuls toute l'année ils y pensèrent.

Monseigneur, à confesse, dans maints endroits, se fit renseigner ; quelques sœurs même devinrent de plus en plus pâles, les yeux cernés.

Méditez cela, et clouez visiblement une indécence sur votre porte : vous serez désormais débarrassé des honnêtes gens, les personnes les plus insupportables que Dieu ait créées.

A l'hôtel du père Thiers, ce fut un soir, la foule brisa les vitres. Le père Thiers illumina tant qu'il put la fenêtre et montra son cul. La foule ébahie n'osa envoyer un caillou dans le mille. D'ailleurs avec les imbéciles il n'y a pas à raisonner ; il n'y a qu'à dire : « Vous me faites chier. »

J'ai su, tout le monde aussi, tout le monde le saura : que deux et deux font quatre. Il y a loin de la convention, de l'intuition à la compréhension : je me soumets, et comme tout le monde je dis : « Deux et deux font quatre »... mais... cela m'embête, et cela dérange beaucoup de mes raisonnements. Ainsi par exemple, vous qui admettez que deux et deux font quatre comme une chose certaine qu'il aurait été impossible de faire autrement, pourquoi admettez-vous que c'est Dieu qui est le créateur de toutes choses. Ne serait-ce qu'un instant ! Dieu n'aurait pu faire autrement?

Drôle de Tout-Puissant.

Tout cela dit pour parler des pédants. Nous savons, et nous ne savons pas.

Le saint Suaire de Jésus-Christ révolte M. Berthelot ; en tant que savant chimiste Berthelot a peut-être raison ; mais en tant que pape... Voyons charmant Berthelot, que feriez-vous si vous étiez pape, un homme dont on baise les pieds. Des milliers d'imbéciles demandent la bénédiction de toutes les bourdes. Or on est Pape, or un Pape doit bénir et satisfaire ses fidèles. Tout le monde n'est pas chimiste : moi-même je n'y comprends rien et peut-être que si j'ai jamais des hémorroïdes, j'irai intriguer pour avoir un morceau de ce saint Suaire afin de me le fourrer quelque part, en conviction de guérison.

Ceci n'est pas un livre.

*
* *

D'ailleurs, à défaut de lecteurs sérieux, il faut que l'auteur d'un livre soit sérieux.

J'ai devant moi, des cocotiers, des bananiers ; tout est vert. Pour faire plaisir à Signac je vous dirai que des petits points de rouge (la complémentaire) se disséminent dans le vert. Malgré cela, ce qui va fâcher Signac, j'atteste que dans tout ce vert on aperçoit de grandes taches de bleu. Ne vous y trompez pas, ce n'est pas le ciel bleu, mais seulement la montagne dans le lointain. Que dire à tous ces cocotiers ? Et cependant, j'ai besoin de bavarder ; aussi j'écris au lieu de parler.

Tiens ! voilà la petite Vaitauni qui s'en va à la rivière ; je la connais pour avoir remarqué une matière cornée qui remplissait l'antichambre. Cette bisexuelle n'est pas comme tout le monde et

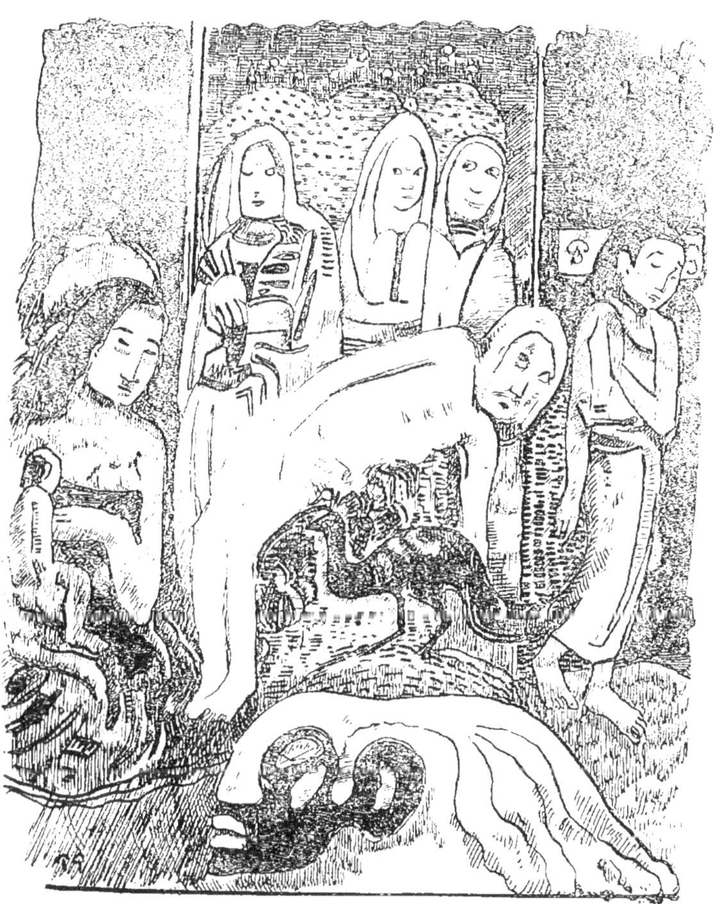

Les saintes images.

ça vous émoustille quand piéton lassé on se sent impuissant. Elle a les seins les plus ronds et les plus charmants que vous puissiez imaginer. Je vois ce corps doré presque nu se diriger vers l'eau fraîche. Prends garde à toi, chère petite ; le gendarme poilu, gardien de la morale, mais faune en cachette, est là qui te guette. Sa vue satisfaite, il te donnera une contravention pour se venger d'avoir troublé ses sens et par suite outragé la morale publique. La morale publique. La force des mots.

Oh ! braves gens de la métropole, vous ne connaissez pas ce que c'est qu'un gendarme aux colonies. Venez-y voir et vous verrez un genre d'immondices que vous ne pouvez soupçonner.

Mais d'avoir vu la petite Vaïtauni, pensant à cette matière cornée, je sens mes sens qui battent la campagne, je prends mes ébats dans la rivière. Tous deux nous avons ri sans feuille de vigne et...

Ceci n'est pas un livre.

*
* *

Pour être d'accord avec mon titre avant et après, permettez-moi de vous raconter quelque chose d'auparavant.

Le général Boulanger, vous en souvient-il, se trouvait à Jersey en cachette.

Or, en ce temps, c'était l'hiver, je travaillais

au Pouldu limite du Finistère sur la côte isolée, loin, très loin des chaumières.

Survint un gendarme qui avait ordre de surveiller la côte pour empêcher un soi-disant débarquement du général Boulanger déguisé en pêcheur.

Je fus interrogé avec finesse, pressé dans tous les replis de mon individu à tel point que très intimidé je m'écriai : « Est-ce que par hasard, vous me prendriez pour le général Boulanger?

Lui. — On a vu plus fort que ça.

Moi. — Avez-vous son signalement ?

Lui. — Son signalement ! je me le fourre quelque part, et que subresticement vous vous foutez de moi, et que conséquemment je vous fous dedans.

Moi. — Je fus obligé d'aller à Quimperlé m'expliquer et le brigadier me prouva aussitôt que n'étant pas le général Boulanger je n'avais pas le droit de me faire passer pour un général et me moquer d'un gendarme dans l'exercice de ses fonctions.

Comment ! moi me faire passer pour un général...

Vous êtes bien obligé de l'avouer, me dit le brigadier, puisque le gendarme vous a pris pour Boulanger.

Pour moi ce ne fut pas de la stupéfaction, mais de l'admiration pour les grandes intelligences. Ce serait comme pour dire qu'on est plus facilement roulé par les imbéciles. Je ne veux pas qu'on me dise que je répète La Fontaine quand il parle du pavé de l'ours. Ce que je dis a un autre sens. Ayant fait mon service militaire, j'ai remarqué que les sous-officiers, voire même quelques officiers, se fâchaient quand on leur parlait français, pensant sans doute que c'était un langage soit pour se moquer, soit pour humilier.

Ce qui prouve que pour vivre en société il faut se défier surtout des petits. On a souvent besoin de plus petit que soi. Pas vrai ! il faut dire qu'on a souvent à craindre plus petit que soi. Dans l'antichambre, le larbin se trouve avant le ministre. Recommandé par un homme bien élevé, un jeune homme demandait une place à un ministre et se trouva bel et bien éconduit.

Son cordonnier était le cordonnier du ministre. Rien ne lui fut refusé.

Avec une femme qui jouit, je jouis double.

La censure. — Pornographe !

L'auteur. — Hypocritographe !

D. — Connais-tu le grec ?

R. — Pourquoi faire ? Je n'ai qu'à lire Pierre Louys

Mais Pierre Louys écrit bien le français... c'est justement pour cela qu'il connaît bien le grec.

Mais les mœurs... cela vaut bien les écrits des Jésuites.

Digitus tertius, digitus diaboli.

Que diable ! sommes-nous des coqs ou des chapons, et faudra-t-il à en arriver à la ponte artificielle. *Spiritus sanctus.*

Ici, en ce pays, le mariage commence à mordre : c'est d'ailleurs une régularisation. Chrétiens d'exportation s'acharnent à cette œuvre singulière.

Le gendarme remplit les fonctions de maire. Deux couples convertis aux idées matrimoniales tout de neuf habillés écoutent la lecture des lois matrimoniales et le « oui » prononcé ils sont mariés. A la sortie l'un des deux mâles dit à l'autre : « Si nous changions ? » Et très gaiement chacun partit avec une nouvelle femme, se rendit à l'Église où les cloches remplirent l'atmosphère d'allégresse.

Monseigneur avec cette éloquence qui caractérise les missionnaires tonna contre les adultères et bénit la nouvelle union qui déjà en ce saint lieu commençait l'adultère.

Une autre fois, à la sortie de l'Église, le marié dit à la demoiselle d'honneur : « Que tu es belle. » Et la mariée dit au garçon d'honneur : « Que tu es beau. » Ce ne fut pas long, et couple nouveau obliquant à droite, couple obliquant à gauche, s'enfoncèrent dans la brousse à l'abri des bananiers où là devant le Dieu tout-puissant il y eut deux mariages au lieu d'un. Monseigneur est content et dit : « Nous civilisons... »

Dans un îlot, dont j'ai oublié le nom et la lati-

tude, un évêque exerce son métier de morali-
sation chrétienne. C'est, dit-on, un lapin. Malgré
l'austérité de son cœur et de ses sens, il aima une
enfant de l'école, paternellement, purement. Ma'-
heureusement, le diable se mêle quelquefois de
ce qui ne le regarde pas, et un beau jour notre
évêque se promenant sous bois aperçut son enfant
chérie qui, nue dans la rivière, lavait sa chemise.

> Petite Thérèse le long d'un ruisseau
> Lavait sa chemise au courant de l'eau,
> Elle était tachée par un accident
> Qui arrive aux fillettes douze fois par an.

« Tiens, se dit-il ; mais elle est à point. »

Je te crois qu'elle était à point : demandez
plutôt aux 15 vigoureux jeunes gens qui le même
soir en eurent l'étrenne. Au seizième elle renâcla.

L'adorable enfant fut mariée à un bedeau logeant dans l'enclos. Alerte et proprette elle ba
layait la chambre de Monseigneur, classait les
parfums. Au service divin, le mari tenait la chandelle.

Comme le monde est vilain..., les mauvaises
langues jasèrent, à tort assurément, et j'en eus la
conviction profonde, lorsqu'un jour une femme
archicatholique me dit :

« Vois-tu (et en même temps elle vidait sans sour-
ciller un verre de rhum), vois-tu, mon petit, tout
ça c'est des blagues, Monseigneur ne couche pas

avec Thérèse, il la confesse seulement pour tâcher d'apaiser sa passion. »

Thérèse c'est la reine haricot. N'essayez pas de comprendre, je vais vous l'expliquer.

Le jour des Rois, Monseigneur avait fait faire chez le Chinois une superbe galette. La part que Thérèse avait eue contenait un haricot et de ce fait elle devint la reine, Monseigneur étant le roi. De ce jour, Thérèse continua à être la reine, et le bedeau, le mari de la reine. Calchas, vous m'entendez bien.

Mais, hélas, le fameux haricot a vieilli et notre lapin, très malin, a trouvé quelques kilomètres plus loin un nouveau haricot.

Figurez-vous un haricot chinois, grassouillet au possible, on en mangerait.

Et toi, peintre en quête de sujets gracieux, prends tes pinceaux et immortalise ce tableau.

Alezan brûlé, harnachements épiscopaux. Notre lapin campé vigoureusement sur la selle et son haricot dont les rondeurs devant et derrière seraient capables de ressusciter un chanteur du pape. Encore une dont la chemise... vous savez... inutile de répéter. Quatre fois ils descendirent de cheval : seule la vallée était en rut.

La caisse de Picpus fut soulagée de dix piastres. Voilà beaucoup de potins... mais.

Ceci n'est pas un livre.

Voilà bien longtemps que j'ai envie d'écrire sur Van Gogh et je le ferai certainement un beau jour que je serai en train : pour le moment je vais raconter à son sujet, ou pour mieux dire à notre sujet, certaines choses aptes à faire cesser une erreur qui a circulé dans certains cercles.

Le hasard, sûrement, a fait que durant mon existence plusieurs hommes qui m'ont fréquenté et discuté avec moi sont devenus fous.

Les deux frères Van Gogh sont dans ce cas et quelques-uns mal intentionnés, d'autres avec naïveté m'ont attribué leur folie. Certainement quelques-uns peuvent avoir plus ou moins d'ascendant sur leurs amis, mais de là à provoquer la folie, il y a loin. Bien longtemps après la catastrophe, Vincent m'écrivit de la maison de santé où on le soignait. Il me disait :

« Que vous êtes heureux d'être à Paris. C'est encore là où se trouvent les sommités, et certainement vous devriez consulter un spécialiste pour vous guérir de la folie. Ne le sommes-nous pas tous ? » Le conseil était bon, c'est pourquoi je ne l'ai pas suivi, par contradiction sans doute.

Les lecteurs du *Mercure* ont pu voir dans une lettre de Vincent, publiée il y a quelques années, l'insistance qu'il mettait à me faire venir à Arles pour fonder à son idée un atelier dont je serais le directeur.

Je travaillais en ce temps à Pont-Aven en Bre-

tagne et soit que mes études commencées m'atta-
chaient à cet endroit, soit que par un vague instinct je prévoyais un quelque chose d'anormal,
je résistai longtemps jusqu'au jour où, vaincu par
les élans sincères d'amitié de Vincent, je me mis
en route.

J'arrivai à Arles fin de nuit et j'attendis le
petit jour dans un café de nuit. Le patron me
regarda et s'écria : « C'est vous le copain ; je vous
reconnais. »

Un portrait de moi que j'avais envoyé à Vincent et suffisant pour expliquer l'exclamation
de ce patron. Lui faisant voir mon portrait, Vincent lui avait expliqué que c'était un copain qui
devait venir prochainement.

Ni trop tôt, ni trop tard, j'allai réveiller Vincent. La journée fut consacrée à mon installa-
tion, à beaucoup de bavardages, à de la prome-
nade pour être à même d'admirer les beautés
d'Arles et des Arlésiennes dont, entre parenthèse,
je n'ai pu me décider à être enthousiaste.

Dès le lendemain nous étions à l'ouvrage ; lui
en continuation et moi à nouveau. Il faut vous dire
que je n'ai jamais eu les facilités cérébrales que
les autres sans tourment trouvent au bout de
leur pinceau. Ceux-là débarquent du chemin de
fer, prennent leur palette et, en rien de temps, vous
campent un effet de soleil. Quand c'est sec cela
va au Luxembourg, et c'est signé Carolus Duran.

Je n'admire pas le tableau mais j'admire
l'homme...

Lui si sûr, si tranquille.

Moi si incertain, si inquiet.

Dans chaque pays, il me faut une période d'in-
cubation, apprendre chaque fois, l'essence des
plantes, des arbres, de toute la nature *enfin*, si
variée et si capricieuse, ne voulant jamais se
faire deviner et se livrer.

Je restai donc quelques semaines avant de
saisir clairement la saveur âpre d'Arles et ses
environs. N'empêche qu'on travaillait ferme, surtout Vincent. Entre deux êtres, lui et moi, l'un
tout volcan et l'autre bouillant aussi, mais en
dedans il y avait en quelque sorte une lutte qui
se préparait.

Tout d'abord je trouvai en tout et pour tout
un désordre qui me choquait. La boîte de couleurs
suffisait à peine à contenir tous ces tubes pressés,
jamais refermés, et malgré tout ce désordre, tout
ce gâchis, un tout rutilait sur la toile ; dans ses
paroles aussi. Daudet, de Goncourt, la Bible brûlaient ce cerveau de Hollandais. A Arles, les quais,
les ponts et les bateaux, tout le midi devenait
pour lui la Hollande. Il oubliait même d'écrire
le hollandais et comme on a pu voir par la publication de ses lettres à son frère, il n'écrivait jamais qu'en français et cela admirablement avec
des *tant que quant à* à n'en plus finir.

Malgré tous mes efforts pour débrouiller dans
ce cerveau désordonné une raison logique dans
ses opinions critiques, je n'ai pu m'expliquer tout
ce qu'il y avait de contradictoire entre sa peinture
et ses opinions. Ainsi, par exemple, il avait une
admiration sans bornes pour Meissonier et une
haine profonde pour Ingres. Degas faisait son
désespoir et Cézanne n'était qu'un fumiste. Son-
geant à Monticelli il pleurait.

Une de ses colères c'était d'être forcé de me
reconnaître une grande intelligence, tandis que
j'avais le front trop petit, signe d'imbécillité. Au
milieu de tout cela une grande tendresse ou plutôt
un altruisme d'Évangile.

Dès le premier mois je vis nos finances en commun prendre les mêmes allures de désordre. Comment faire ? la situation était délicate, la caisse
étant remplie modestement par son frère employé dans la maison Goupil ; pour ma part en
combinaison d'échange en tableaux. Parler : il
le fallait et se heurter contre une susceptibilité
très grande. Ce n'est donc qu'avec beaucoup de
précautions et bien des manières câlines peu com-
patibles avec mon caractère que j'abordai la
question. Il faut l'avouer, je réussis beaucoup plus
facilement que je ne l'avais supposé.

Dans une boîte, tant pour promenades noc-
turnes et hygiéniques, tant pour le tabac, tant
aussi pour dépenses impromptu y compris le

loyer. Sur tout cela un morceau de papier et un crayon pour inscrire honnêtement ce que chacun prenait dans cette caisse. Dans une autre boîte le restant de la somme divisée en quatre parties pour la dépense de nourriture chaque semaine. Notre petit restaurant fut supprimé et un petit fourneau à gaz aidant, je fis la cuisine tandis que Vincent faisait les provisions, sans aller bien loin de la maison. Une fois pourtant Vincent voulut faire une soupe, mais je ne sais comment il fit ses mélanges. Sans doute comme les couleurs sur ses tableaux. Toujours est-il que nous ne pûmes la manger. Et mon Vincent de rire en s'écriant : « Tarascon ! la casquette au père Daudet. » Sur le mur, avec de la craie, il écrivit :

Je suis Saint-Esprit.
Je suis sain d'esprit.

Combien de temps sommes-nous restés ensemble ? je ne saurais le dire l'ayant totalement oublié. Malgré la rapidité avec laquelle la catastrophe arriva ; malgré la fièvre de travail qui m'avait gagné, tout ce temps me parut un siècle.

Sans que le public s'en doute, deux hommes ont fait là un travail colossal utile à tous deux. Peut-être à d'autres ? Certaines choses portent leur fruit.

Vincent, au moment où je suis arrivé à Arles, était en plein dans l'école néo-impressionniste,

et il pataugeait considérablement, ce qui le faisait
souffrir ; non point que cette école, comme toutes
les écoles, soit mauvaise, mais parce qu'elle ne
correspondait pas à sa nature, si peu patiente et
si indépendante.

Avec tous ses jaunes sur violets, tout ce travail de complémentaires, travail désordonné de
sa part, il n'arrivait qu'à de douces harmonies
incomplètes et monotones ; le son du clairon y
manquait.

J'entrepris la tâche de l'éclairer ce qui me fut
facile car je trouvai un terrain riche et fécond.
Comme toutes les natures originales et marquées
au sceau de la personnalité, Vincent n'avait aucune crainte du voisin et aucun entêtement.

Dès ce jour mon Van Gogh fit des progrès
étonnants ; il semblait entrevoir tout ce qui était
en lui et de là toute cette série de soleils sur soleils,
en plein soleil.

Avez-vous vu le portrait du poète ?

La figure et les cheveux jaunes de chrome.

Le vêtement jaune de chrome 2.

La cravate jaune de chrome 3 avec une épingle
émeraude vert émeraude sur un fond jaune de
chrome n° 4.

C'est ce que me disait un peintre Italien et il
ajoutait :

— Mârde, mârde, tout est jaune : je ne sais
plus ce que c'est que la pintoure.

Il serait oiseux ici d'entrer dans des détails
de technique. Ceci dit pour vous informer que
Van Gogh sans perdre un pouce de son origina-
lité a trouvé de moi un enseignement fécond. Et
chaque jour il m'en était reconnaissant. Et c'est
ce qu'il veut dire quand il écrit à M. Aurier qu'il
doit beaucoup à Paul Gauguin.

Quand je suis arrivé à Arles, Vincent se cher-
chait, tandis que moi beaucoup plus vieux,
j'étais un homme fait. A Vincent je dois quelque
chose, c'est, avec la conscience de lui avoir
été utile, l'affermissement de mes idées pictu-
rales antérieures; puis dans les moments difficiles
me souvenir qu'on trouve plus malheureux que
soi.

Quand je lis ce passage : le dessin de Gauguin
rappelle un peu celui de Van Gogh, je souris.

Dans les derniers temps de mon séjour, Vincent
devint excessivement brusque et bruyant, puis
silencieux. Quelques soirs je surpris Vincent qui
levé s'approchait de mon lit.

A quoi attribuer mon réveil à ce moment ?

Toujours est-il qu'il suffisait de lui dire très
gravement :

« Qu'avez-vous Vincent, » pour que, sans mot
dire, il se remît au lit pour dormir d'un sommeil
de plomb.

J'eus l'idée de faire son portrait en train de
peindre la nature morte qu'il aimait tant des

Tournesols. Et le portrait terminé il me dit :
« C'est bien moi, mais moi devenu fou. »

Le soir même nous allâmes au café. Il prit une
légère absinthe.

Soudainement il me jeta à la tête son verre et
le contenu. J'évitai le coup et le prenant à bras
le corps je sortis du café, traversai la place Victor-
Hugo et quelques minutes après Vincent se trouvait sur son lit où en quelques secondes il s'endormit pour ne se réveiller que le matin.

A son réveil, très calme, il me dit : « Mon cher
Gauguin, j'ai un vague souvenir que je vous ai
offensé hier soir.

R. — Je vous pardonne volontiers et d'un grand
cœur, mais la scène d'hier pourrait se produire à
nouveau et si j'étais frappé je pourrais ne pas
être maître de moi et vous étrangler. Permettez-
moi donc d'écrire à votre frère pour lui annoncer
ma rentrée. »

Quelle journée, mon Dieu !

Le soir arrivé j'avais ébauché mon dîner et
j'éprouvai le besoin d'aller seul prendre l'air aux
senteurs des lauriers en fleurs. J'avais déjà traversé presque entièrement la place Victor-Hugo,
lorsque j'entendis derrière moi un petit pas bien
connu, rapide et saccadé. Je me retournai au
moment même où Vincent se précipitait sur moi
un rasoir ouvert à la main. Mon regard dut à ce
moment être bien puissant car il s'arrêta et bais-

sant la tête il reprit en courant le chemin de la maison.

Ai-je été lâche en ce moment et n'aurais-je pas dû le désarmer et chercher à l'apaiser ? Souvent j'ai interrogé ma conscience et je ne me suis fait aucun reproche.

Me jette la pierre qui voudra.

D'une seule traite je fus à un bon hôtel d'Arles où après avoir demandé l'heure je retins une chambre et je me couchai.

Très agité je ne pus m'endormir que vers 3 heures du matin et je me réveillai assez tard vers 7 heures et demie.

En arrivant sur la place je vis rassemblée une grande foule. Près de notre maison des gendarmes, et un petit monsieur au chapeau melon qui était le commissaire de police.

Voici ce qui s'était passé.

Van Gogh rentra à la maison et immédiatement se coupa l'oreille juste au ras de la tête. Il dut mettre un certain temps à arrêter la force de l'hémorragie, car le lendemain de nombreuses serviettes mouillées s'étalaient sur les dalles des deux pièces du bas. Le sang avait sali les deux pièces et le petit escalier qui montait à notre chambre à coucher.

Lorsqu'il fut en état de sortir, la tête enveloppée d'un béret basque tout à fait enfoncé, il alla tout droit dans une maison où à défaut de payse on trouve une connaissance, et donna au factionnaire son oreille bien nettoyée et enfermée dans une enveloppe. « Voici, dit-il, en souvenir de moi, » puis s'enfuit et rentra chez lui où il se coucha et s'endormit. Il eut le soin toutefois de fermer les volets et de mettre sur une table près de la fenêtre une lampe allumée.

Dix minutes après toute la rue accordée aux filles de joie était en mouvement et on jasait sur l'événement.

J'étais loin de me douter de tout cela lorsque je me présentai sur le seuil de notre maison et lorsque le monsieur au chapeau melon me dit à brûle pourpoint, d'un ton plus que sévère. « Qu'avez-vous fait, Monsieur, de votre camarade. » — Je ne sais...

— Que si... vous le savez bien... il est mort. »

Je ne souhaite à personne en pareil moment, et il me fallut quelques longues minutes pour être apte à penser et comprimer les battements de mon cœur.

La colère, l'indignation, la douleur, aussi et la honte de tous ces regards qui déchiraient toute ma personne, m'étouffaient et c'est en balbutiant que je dis : « C'est bien, Monsieur, montons et nous nous expliquerons là-haut. » Dans le lit Vincent gisait complètement enveloppé par les draps, blotti en chien de fusil : il semblait inanimé. Doucement, bien doucement, je tâtai le corps dont la

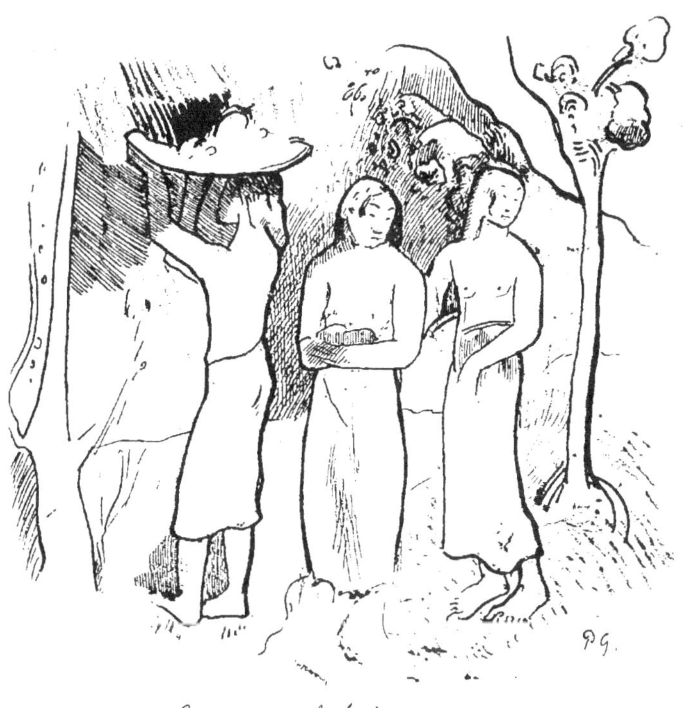

En route pour le Festin

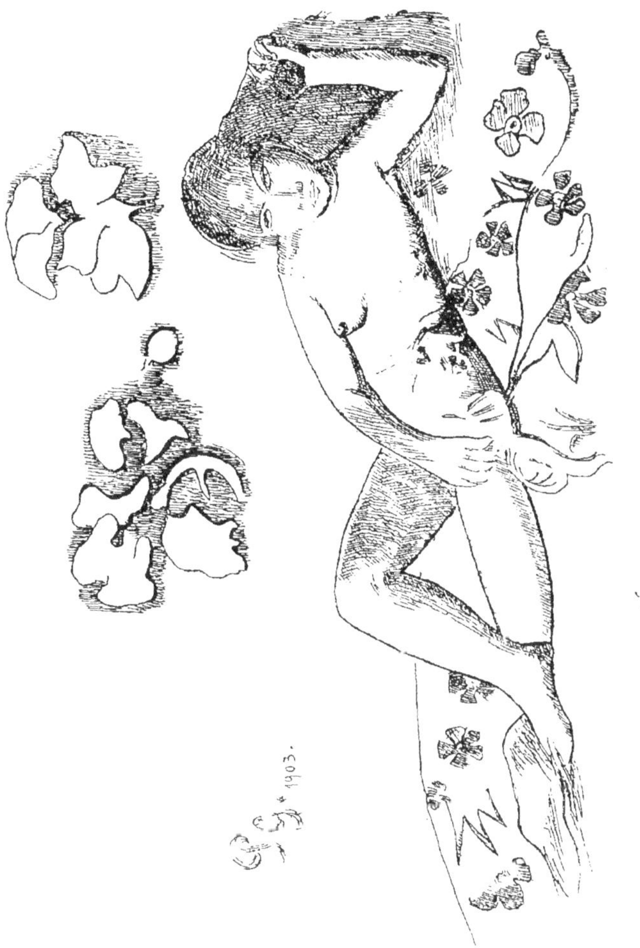

décoratives personne ...
1903.

chaleur annonçait la vie assurément. Ce fut pour
moi comme une reprise de toute mon intelligence
et de mon énergie.

Presqu'à voix basse je dis au commissaire de
police : « Veuillez, Monsieur, réveiller cet homme
avec beaucoup de ménagements et s'il demande
après moi dites-lui que je suis parti pour Paris :
ma vue pourrait peut-être lui être funeste. »

Je dois avouer qu'à partir de ce moment, ce
commissaire de police fut aussi convenable que
possible, et intelligemment il envoya chercher un
médecin et une voiture.

Une fois réveillé, Vincent demanda après son
camarade, sa pipe et son tabac, songea même à
demander la boîte qui était en bas et contenait
notre argent. Un soupçon sans doute ! qui m'ef-
fleura étant déjà armé contre toute souffrance.

Vincent fut conduit à l'hôpital ou aussitôt
arrivé, son cerveau recommença à battre la campagne.

Tout le reste, on le sait dans le monde que cela
peut intéresser et il serait inutile d'en parler, si
ce n'est cette extrême souffrance d'un homme qui
soigné dans une maison de fous, s'est vu par in-
tervalles mensuels reprendre la raison suffisamment pour comprendre son état et peindre avec
rage les tableaux admirables qu'on connaît.

La dernière lettre que j'ai eue était datée d'Au-
vers près Pontoise. Il me disait qu'il avait espéré

guérir assez pour venir me retrouver en Bretagne, mais qu'aujourd'hui il était obligé de reconnaître l'impossibilité d'une guérison.

« Cher maître (la seule fois qu'il ait prononcé ce mot), il est plus digne après vous avoir connu et vous avoir fait de la peine, de mourir en bon état d'esprit qu'en état qui dégrade. »

Et il se tira un coup de pistolet dans le ventre et ce ne fut que quelques heures après, couché dans son lit et fumant sa pipe, qu'il mourut ayant toute sa lucidité d'esprit, avec amour pour son art et sans haine des autres.

Dans les monstres Jean Dolent écrit :

« Quand Gauguin dit : « Vincent, » sa voix est douce.

Ne le sachant pas, mais l'ayant deviné. Jean Dolent a raison. On sait pourquoi.

*
* *

Notes éparses, sans suite comme les rêves, comme la vie, toute faite de morceaux.

Et de ce fait que plusieurs y collaborent, l'amour des belles choses aperçues dans la maison du prochain.

Choses parfois enfantines écrites, tant de délassement personnel, tant de classement d'idées aimées — quoique peut-être folles — en défiance de mauvaise mémoire, et tout de rayons jusqu'au centre vital de mon art. Or si œuvre d'art était œuvre de hasard, toutes ces notes seraient inutiles.

J'estime que la pensée qui a pu guider mon œuvre ou une œuvre partielle est liée très mystérieusement à mille autres, soit miennes, soit entendues d'autres. Quelques jours d'imagination vagabonde je me remémore longues études souvent stériles, plus encore troublantes : un nuage noir vient obscurcir l'horizon : la confusion se fait en mon âme et je ne saurais faire un choix. Si donc à d'autres heures de plein soleil, l'esprit lucide, je me suis attaché à tel fait, telle vision, telle lecture, ne faut-il pas en mince recueil, prendre souvenance.

Quelquefois je me suis reculé bien loin, plus loin que les chevaux du Panthéon... jusqu'au dada de mon enfance, le bon cheval de bois.

Je me suis attardé aux nymphes de Corot dansant dans les bois sacrés de Ville-d'Avray.

Ceci n'est pas un livre.

J'ai un coq aux ailes pourpres, au cou d'or, à la queue noire. Dieu qu'il est beau ! Et il m'amuse.

J'ai une poule grise argentée, au plumage hérissé ; elle gratte, elle picote, elle abîme mes fleurs. Ça ne fait rien, elle est drôle sans être bégueule : le coq lui fait signe des ailes et des pattes et aussitôt elle offre son croupion. Lentement, vigoureusement aussi, il monte dessus.

Ah ! c'est bientôt fait ! Est-ce donc de la chance. Je ne sais.

Les enfants rient : je ris. Mon Dieu que c'est bête. Quelle disette, rien à bouloter. Si je mangeais le coq ? et j'ai faim. Il serait trop dur. La poule alors ? mais je ne m'amuserais plus à voir mon coq aux ailes pourpres, au cou d'or, à la queue noire, monter sur la poule ; les enfants ne riraient plus. J'ai toujours faim !

Le déluge. Jadis la mer irritée monta aux cimes élevées. Et maintenant la mer apaisée lèche les rochers. Autrement dit : « Vois-tu, ma fille, autrefois on montait, aujourd'hui on descend. » On descend en sachant s'élever.

Vous vous devez à la société
Combien ?
Que me doit la société.
Beaucoup trop.
Payera-t-elle ?
Jamais (Liberté, Égalité, Fraternité).

Sur la véranda, douce sieste, tout repose. Mes yeux voient sans comprendre l'espace devant moi ; et j'ai la sensation du sans fin dont je suis le commencement.

Moorea à l'horizon ; le soleil s'en approche.

Je suis sa marche dolente, sans comprendre, j'ai
la sensation d'un mouvement désormais perpé-
tuel : une vie générale qui jamais ne s'éteindra.

Et voilà la nuit. Tout repose. Mes yeux se fer-
ment pour voir sans comprendre le rêve dans l'espace infini qui fuit devant moi ; et j'ai la sensation douce de la marche dolente de mes espé-
rances.

On mange. Une longue table. De chaque côté
s'alignent les assiettes, les verres. Ainsi alignés,
ces verres, ces assiettes, par la perspective rendent cette table longue, très longue. C'est d'ailleurs un banquet.

Stéphane Mallarmé préside : en face Jean Moréas symboliste. Les convives sont symbolistes.
Peut-être aussi les larbins. Là-bas, très loin, au
bout Clovis Hugues (Marseille). Là-bas aussi, à
l'autre bout Barrès (Paris).

On mange. Des toasts. Le président commence :
Moréas répond. Clovis Hugues, sanguin, chevelu,
exubérant, en vers naturellement, parle longue-
ment.

Barrès, mince et long, glabre, sèchement, en
prose, cite Baudelaire. On écoute, le marbre se
glace.

Mon voisin, tout jeune mais gras (superbes
boutons de diamant étincelant sur la chemise à
mille plis), m'interroge tout bas.

« Est-ce que M. Baudelaire est parmi nous à ce banquet ? »

Je me gratte le genou et je réponds :

« Oui, il est ici, là-bas, parmi les poètes : du reste Barrès en parle.

Lui. — Oh ! je voudrais bien lui être présenté. »

Dans un ordre d'idées quelconques, un saint quelconque dit à une de ses pénitentes. « Défiez-vous de l'orgueil de l'humilité. »

Lettre de Strindberg.

Vous tenez absolument à avoir la préface de votre catalogue écrite par moi, en souvenir de l'hiver 1894-95, que nous vivons ici derrière l'Institut, pas loin du Panthéon, surtout près du cimetière Montparnasse.

Je vous aurais volontiers donné ce souvenir à emporter dans cette île d'Océanie, où vous allez chercher un décor en harmonie avec votre stature puissante et de l'espace, mais je me sens dans une situation équivoque dès le commencement, et je réponds tout de suite à votre requête par un « Je ne peux pas » ou, plus brutalement, par un « Je ne veux pas ».

Du même coup, je vous dois une explication à mon refus qui ne vient pas d'un manque de complaisance, d'une paresse de la plume, quoique il m'eût été facile d'en rejeter la faute sur la maladie de mes mains, laquelle d'ailleurs n'a pas encore laissé au poil le temps de pousser dans la paume.

Voici : je ne peux pas saisir votre art et je ne peux pas l'aimer. (Je n'ai aucune prise sur votre art, cette fois exclusivement tahitien.) Mais je sais que cet aveu ne vous étonnera ni ne vous blessera, car vous me semblez surtout fortifié par la haine des autres : votre personnalité se complaît dans l'antipathie qu'elle suscite, soucieuse de rester intacte.

Et avec raison peut-être, car de l'instant où, approuvé et admiré, vous auriez des partisans, on vous rangerait, on vous classerait, on donnerait à votre art un nom dont les jeunes avant cinq ans se serviraient comme d'un sobriquet désignant un art suranné qu'ils feraient tout pour vieillir davantage.

J'ai tenté moi-même de sérieux efforts pour vous classer, pour vous introduire comme un chaînon dans la chaîne, pour amener à la connaissance de l'histoire de votre développement, mais en vain.

Je me souviens de mon premier séjour à Paris, en 1876. La ville était triste, car la nation portait le deuil des événements accomplis et avait l'inquiétude de l'avenir ; quelque chose fermentait.

Dans les cercles suédois d'artistes, on n'avait pas encore entendu le nom de Zola, car l'Assommoir n'était pas publié : j'assistai à la représentation au Théâtre-Français de « Rome vaincue » où Mme Sarah-Bernhardt la nouvelle étoile était couronnée une seconde Rachel, et mes jeunes artistes m'avaient entraîné chez Durand-Ruel voir quelque chose de tout à fait neuf en peinture. Un jeune peintre alors inconnu me conduisait, et nous vîmes des toiles très merveilleuses signées principalement Manet et Monet. Mais comme j'avais autre chose à faire à Paris que de regarder des tableaux (je devais, en qualité de secrétaire de la bibliothèque de Stockholm, rechercher un vieux missel suédois à la bibliothèque Sainte-Geneviève) je regardais cette nouvelle peinture avec indifférence calme. Mais le lendemain je revins sans trop savoir comment, et je découvris « quelque chose » dans ces bizarres manifestations. Je vis le grouillement de la foule sur un embarcadère, mais je ne vis pas la foule même ; je vis la course d'un train rapide dans un paysage normand, le mouvement des roues dans la rue, d'affreux portraits de personnes toutes laides qui n'avaient pu poser tranquillement. Saisi par ces toiles extraordinaires, j'envoyai à un journal de mon pays une correspondance dans laquelle j'avais essayé de traduire les sensations que je croyais que les impressionnistes avaient voulu rendre ; et mon article eut un certain succès comme une chose incompréhensible.

Lorsqu'en 1883, je revins pour la deuxième fois

à Paris, Manet était mort, mais son esprit vivait
dans toute une école qui luttait pour l'hégémonie
avec Bastien Lepage ; à mon troisième séjour à
Paris en 1885 je vis l'exposition de Manet. Ce
mouvement s'était alors imposé ; il avait produit
son effet et maintenant il était classé. A l'exposition triennale, même année, anarchie complète.
Tous les styles, toutes les couleurs, tous les sujets : historiques, mythologiques et naturalistes.
On ne voulait plus entendre parler d'écoles, ni
de tendances. Liberté était maintenant le mot de
ralliement. Taine avait dit que le beau n'était
pas le joli et Zola que l'art était une parcelle de
nature vue à travers un tempérament.

Cependant, au milieu des derniers spasmes du
naturalisme, un nom était prononcé par tous avec
admiration, celui de Puvis de Chavannes. Il était
à, tout seul, comme une contradiction, peignant
d'une âme croyante, tout en tenant légèrement
compte du goût de ses contemporains pour l'allusion. (On ne possédait pas encore le terme de
symbolisme, une appellation bien malheureuse
pour une chose si vieille : l'allégorie.)

C'est vers Puvis de Chavannes qu'allaient hier
soir mes pensées, quand, aux sons méridionaux
de la mandoline et de la guitare, je vis sur les
murs de votre atelier ce tohu-bohu de tableaux en-
soleillés, qui m'ont poursuivi cette nuit, dans mon
sommeil. J'ai vu des arbres que ne retrouverait

aucun botaniste, des animaux que Cuvier n'a jamais soupçonnés et des hommes que vous seul avez pu créer. Une mer qui coulerait d'un volcan, un ciel dans lequel ne peut habiter un Dieu.

« Monsieur, disais-je dans mon rêve, vous avez créé une nouvelle terre et un nouveau ciel, mais je ne me plais au milieu de votre création : elle est trop ensoleillée pour moi qui aime le clair-obscur. Et dans votre paradis habite une Ève qui n'est pas mon idéal, car j'ai vraiment moi aussi un idéal de femme ou deux !

Ce matin je suis allé visiter le musée du Luxembourg pour jeter un regard sur Chavannes qui me revenait toujours à l'esprit. J'ai contemplé avec une sympathie profonde le pauvre pêcheur, si attentivement occupé à guetter la proie qui lui vaudra l'amour fidèle de son épouse cueillant des fleurs, et de son enfant paresseux. Cela est beau ! Mais voilà que je me heurte à la couronne d'épines, Monsieur, je les hais, entendez-vous bien ! Je ne veux point de ce Dieu pitoyable qui accepte les coups. Mon Dieu, plutôt alors (le vitsliputsli qui, au soleil, mange le cœur des hommes).

Non, Gauguin n'est pas formé de la côte de Chavannes, non plus de celles de Manet ni de Bastien Lepage !

Qu'est-il donc ? Il est Gauguin, le sauvage qui hait une civilisation gênante, quelque chose du

Titan qui, jaloux du créateur, à ses moments
perdus, fait sa petite création, l'enfant qui dé-
monte ses joujoux pour en refaire d'autres, celui
qui renie et qui brave, préférant voir rouge le
ciel que bleu avec la foule.

Il semble, ma foi, que, depuis que je me suis
échauffé, en écrivant, je commence à avoir une
certaine compréhension de l'art de Gauguin.

On a reproché à un auteur moderne de ne pas
dépeindre des êtres réels, mais de construire tout
simplement lui-même ses personnages. Tout simplement !

Bon voyage, Maître : seulement, revenez-nous
et revenez me trouver. J'aurai peut-être alors
appris à mieux comprendre votre art, ce qui me
permettra de faire une vraie préface pour un nouveau catalogue dans un nouvel hôtel Drouot, car
je commence aussi à sentir un besoin immense de
devenir sauvage et de créer un monde nouveau.

Auguste Strindberg.

Par Achille Delaroche. *D'un point de vue esthétique à propos du pei tre Paul Gauguin.*

Il ne me siérait d'étudier, sous le rapport technique la peinture de Paul Gauguin. C'est affaire
aux peintres, ses émules. Mais, outre que sou-
vente fois l'artiste est moins impartialement ap-
précié de ses pairs que d'un étranger, il y aurait

un intérêt, ce semble, à s'entendre entre ouvriers
d'arts voisins sur les grandes lignes d'une esthétique générale.

Et ceci n'est point par dilettantisme. J'édi-
fierai donc cette simple causerie sur des assises
imaginaires, certes, de telle vision de couleur et
de dessin idéalement surgies, mais aussi en tant
que signes éminents d'une méthode nous intéressant tous, rêveurs ou artistes.

Il est hors de doute, aujourd'hui, que les divers
arts, peinture, poésie, musique, après avoir suivi
séparément des routes longtemps glorieuses, pris
d'un soudain malaise qui fait éclater leurs mornes
séculaires désormais trop étroits, tendent, comme
pour mélanger leurs flots en un lit primitif commun, élargi, à déborder sur les territoires pro-
chains.

Sur les ruines de vénérables édifices et de leur
synthèse dont un monde esthétique se lève, inouï,
paradoxal, sans règles définies, sans classifications, aux frontières flottantes et imprécises, mais
riche, intense, puissant, d'autant qu'il est sans
limites, idoine à émouvoir jusqu'aux fibres les
plus mystérieuses de l'être humain.

Les gardiens stricts du temple, perdus en ce
cataclysme et impuissants à utiliser les petites
étiquettes qu'ils aimaient coller sur le dos de
chaque manifestation intellectuelle, s'en affligent :
mais qu'y faire ? mesure-t-on la vague et définit-

on la tempête ? D'aucuns, croyant l'enrayer, mais
qui témoignèrent ainsi de peu d'aptitude à se
spiritualiser, essayèrent quelques airs de flûte bien
pauvres et puérils : car le ridicule n'a que faire
en art. Au reste, les artistes n'eurent point à
s'en plaindre : on ne raille que les forts, le reste
inspire plutôt la pitié. D'autres invoquèrent la-
mentablement l'esprit gaulois, les races latines,
l'éducation grecque, etc... qui n'étaient pas en
cause, et pensèrent avoir démontré par A + B
l'illégitimité et l'avortement final de cette évolu-
tion. Cependant, les réponses leur arrivaient de
tous côtés, irréfragables : par le lyrisme musical
de Wagner et de son école, par les poèmes des
écrivains symbolistes, par les toiles, pleines de
merveilleux, des peintres récents.

Entre ceux-ci, une place très haute et bien à part
doit être faite à Paul Gauguin, non seulement
pour la priorité, mais pour la nouveauté de son
art. Ce fut en les enchantements d'une féerie de
lumière que l'on marchait lors de la récente exposition où il nous convia. Lumière si intensément
éblouissante qu'il semble impossible, au sortir, de
regarder, autrement que comme pénombre anti-
thétique, les toiles de nos imagiers habituels.

Gauguin est le peintre des natures primitives :
il en aime et possède la simplicité, l'hiératisme
suggestif, la naïveté un peu gauche et anguleuse.
Ses personnages participent de la spontanéité

inapprêtée des flores vierges. Il était donc logique qu'il exaltât pour notre fête visuelle les richesses de ces végétations tropicales où luxurie, sous des astres heureux une vie édénique et libre : traduite ici, avec une prestigieuse magie de couleurs, sans pourtant aucun ornement inutile, ni redondance, ni italianisme.

C'est sobre, grandiose, imposant. Et comme elle écrase la vanité de nos fades élégances, de nos agitations puériles, la sérénité de ces naturels ! Tout le mystère des infinis est en marche en la perversité naïve de leurs yeux ouverts sur la nouveauté des choses.

Qu'il y ait, en ces peintures, exacte reproduction au nom de la réalité exotique, peu me chaut. Gauguin se servit de ce cadre inouï pour y localiser son rêve, et quel plus favorable décor impollué encore par nos mensonges de civilisés ! Mais de ces figures humaines, de ces flores ardentes, l'irréel et le merveilleux se dégagent aussi bien et mieux que des chimères ou attributs mythologiques de tels autres. Il fut de mode alors, de se pâmer de rire au scandale de ces anatomies vraiment par trop simiesques et si peu vivantes ! devant ces paysages verticaux qui ne s'aèrent pas de suffisante perspective. Pouvait-on déformer ainsi la nature ? Et l'on invoqua à plaisir l'habituelle eurythmie de la plastique grecque, de la peinture italienne. Mais outre qu'il serait facile

de rappeler l'art égyptien, le japonais, le gothique
qui tinrent peu de compte de ces lois soi-disant
imprescriptibles, l'école hollandaise, en pleine flo-
raison du classique, démontra, certes, que le laid
aussi saurait être esthétique. Il conviendrait donc
de laisser à la porte les préjugés de nos Académies
avec leurs lignes convenues, leurs décors clichés,
leur rhétorique de torses, si l'on veut apprécier
justement cet art étrange.

Tant que l'art plastique, d'accord en cela avec
l'art littéraire et la métaphysique, se cantonne
en son domaine strict de définition formelle et
objective : immémorialiser les traits du héros ou
du bourgeois, illustrer tel paysage, rendre sen-
sibles et distinctes les forces naturelles ou supé-
rieures, cela fut bien et ne pouvait être que par
un ensemble de lignes préconçues, traduisant
cette catégorie d'idéal. Nous eûmes alors les Dis-
ooboloo, loo Vénuo génitrix, les Apollons au geste
harmonieux, les madones de Raphaël, etc... qui
peuplent nos musées et que déshonorent les in-
cohérentes dissertations des professeurs en esthétique. Mais aujourd'hui qu'une vie plus subtile
de la pensée a pénétré les diverses manifestations
créatrices, le point de vue anecdotique et spécial
cède la place au significatif et au général. Un
torse gracieux, un pur visage, un paysage pittoresque, nous apparaissent comme les efflores-
cences magnifiques et multiformes d'une même

force inconnue et indéfinissable en elle-même, mais dont le sentiment s'affirme irrésistiblement à notre conscience. L'artiste nous intéressera donc par une vision tyranniquement imposée et circonscrite, si harmonieuse soit-elle par sa vertu suggestive, propre à aider l'essor imaginatif ou comme décorateur de notre rêve, ouvrant une porte nouvelle sur l'infini et le mystère.

Gauguin, mieux que tout autre, jusqu'ici, nous paraît avoir compris ce rôle du décor suggestif. Il procède éminemment par raccourci de traits, par synthèse d'impressions. Chacun de ses tableaux est une idée générale, sans que, pourtant, n'y soit observé assez de réalité formelle pour solliciter la vraisemblance. Et en nulle œuvre d'art ne s'extériorise mieux la concordance constante de l'état d'âme et du paysage si lumineusement formulée par Baudelaire.

S'il nous représente la jalousie, c'est par un incendie de roses et de violets où la nature entière semblait participer comme être conscient et tacite; si l'eau mystérieuse jaillit pour des lèvres altérées d'inconnu, ce sera dans un cirque aux teintes étranges, tels les flots d'un breuvage diabolique ou divin, on ne saurait. Ailleurs. un irréel verger offre ses flores insidieuses au désir d'une Ève édénique dont le bras se tend peureusement pour cueillir la fleur du mal, tandis que susurre sur ses tempes le battement des ailes rouges de

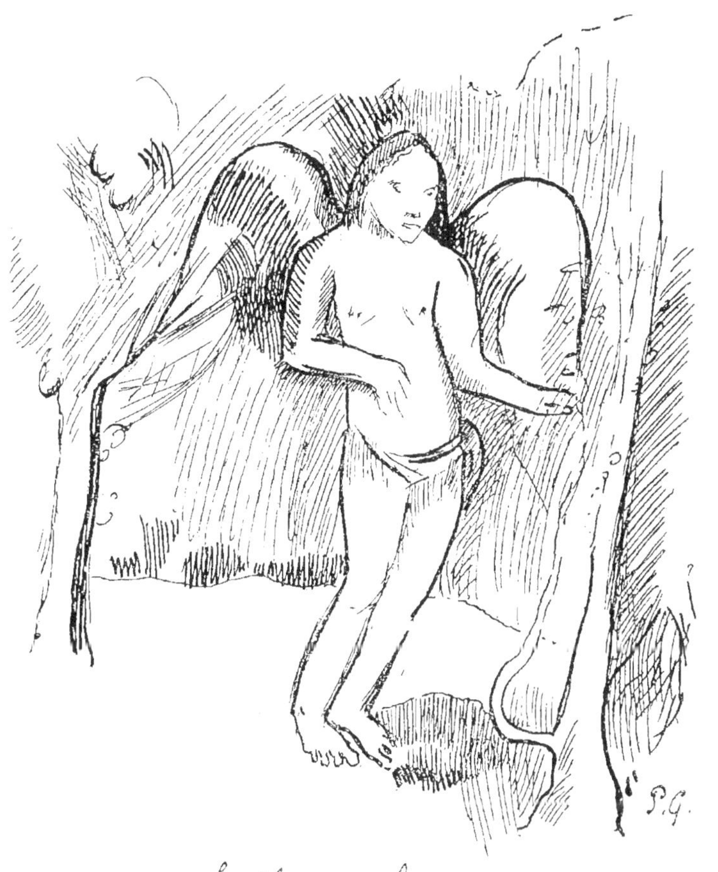

Les ailes sont lourdes - Le tout est primitif

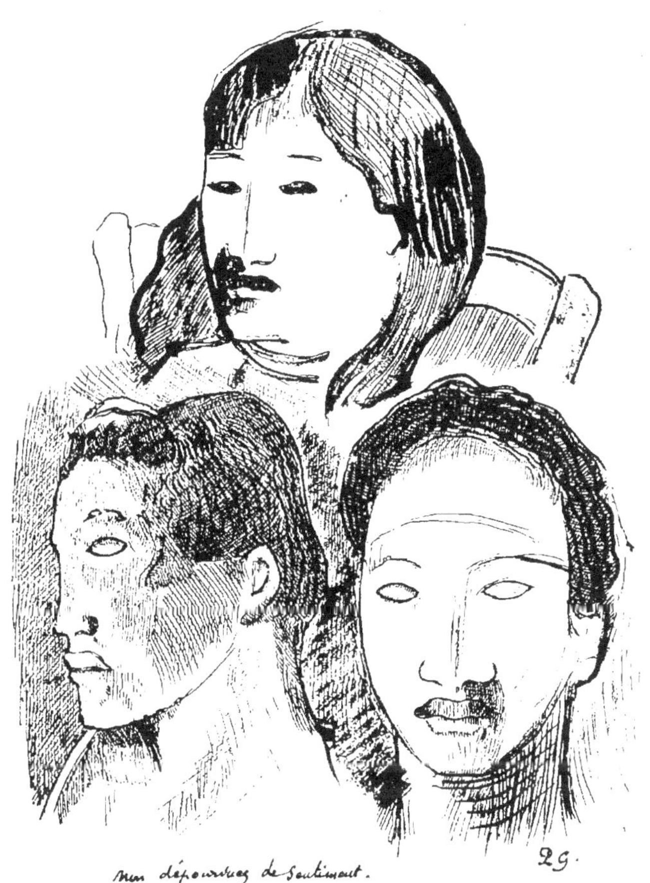

non dépourvues de sentiment.
PG.

la Chimère. Puis, c'est la forêt luxuriante de vie et de printemps : des passagers s'y dessinent, lointains en le calme fortuné de leur insouciance, des paons fabuleux y font rutiler leurs plumes de saphir et d'émeraude : mais s'interpose la cognée fatale du bûcheron qui frappe les branchages, et derrière lui un mince filet de fumée s'élève, qui avertit du transitoire destin de cette fête. Là, en des paysages légendaires, se dresse, hiératique et formidable, l'idole : et le tribut des végétations rejaillit en laves de couleurs sur son front, et d'idylliques enfants chantent sur la flûte pastorale le bonheur infini des édens, tandis qu'à leurs pieds s'apaisent comme les génies du mal qui veillent, les héraldiques chiens rouges, charmés. Plus loin, un vitrail lumineux de riches fleurs végétales et humaines ; son enfant divin à l'épaule, une apparition auréolée de femme, devant laquelle deux autres joignent les mains parmi les fleurs, au geste d'un séraphin d'où s'exhalent, ainsi que d'un calice miraculeux, les paroles mystiques. Flore surnaturelle qui prie et chair qui fleurit, sur le seuil indécis du conscient et de l'inconscient.

Toutes ces toiles et les autres encore, sur lesquelles même remarque peut être instituée, dénote assez, chez Gauguin, la corrélation intime du thème et de la forme. Mais l'harmonisation savante de couleurs, surtout, y est significative

4

et parachève le symbole. Les tons se fondent ou s'opposent en dégradations qui chantent comme une symphonie aux chœurs multiples et variés et jouent leur rôle vraiment orchestral.

Traitée ainsi, la couleur, qui est vibration, de même que la musique, atteint ce qu'il y a de plus général et, partant, de plus vague dans la nature: sa force intérieure. Il était donc logique, dans l'état actuel du sentiment esthétique, qu'elle envahît peu à peu la place du dessin, dont l'utilité suggestive passe désormais au second plan.

Et ici, se précise le but où tendent les divers arts et quasi le lieu de leur rencontre : édifier la cité future de la vie spirituelle, dont la poésie qui est état d'âme serait le geste ordonnateur, la musique, l'atmosphère et la peinture, le décor merveilleux. En effet, les essais épars, tentés jusqu'ici, ne signifient rien, s'ils ne sont les ébauches premières et comme la divination de cette ère de construction idéale. L'humanité sent plus ou moins obscurément que son état actuel de réalité besogneuse et quotidienne n'est que transitoire ; et le craquement sourd des vieilles formes sociales est l'indice significatif de cette impatience à établir enfin, après la sécurité des instincts de nutrition, le jeu désintéressé d'une vie cérébralement sensitive.

En son enfance émerveillée au mirage nouveau des choses elle situa, parmi les lianes inextrica-

bles de ce monde extérieur, les palais enchantés
où règnent les fées. Puis vint la période d'abs-
traction où se formulèrent les méthodes scienti-
fiques riches en divisions, classifications et caté-
gories de toute sorte. Chaque objet fut pris à
part, étudié, pesé, disséqué, défini. Fier de sa dia-
lectique, l'Esprit humain en vint à la considérer
en elle-même et, sophistiquement, à la croire,
comme fit Kant, seule réelle. Mais l'illusion dura
peu. Des penseurs hautains rejetèrent loin d'eux
ce vain instrument,dont la stérilité est comparable
à celle d'une machine qui fonctionne à vide. Les
mystiques déjà, pour leur compte ne trouvant
point en cette sécheresse des syllogismes la satisfaction du sentiment, s'étaient rejetés vers l'extase comme voie plus directe de connaissance et
plus sûre. Mais, outre que cet état est peu acces-
sible aux âmes vulgaires, et, dangereux vertige, la
passivité contemplative laisse sans objet toute la
part d'action qui est en nous.

L'art, tel qu'il est considéré aujourd'hui, l'art
orphique semble donc de venir à point pour suc-
céder à la faveur des modes discursifs de la pensée
discrédités et nous conduire à la belle conquête,
lui qui attendrit les fauves et fait se mouvoir en
cadence harmonieuse les môles informes. L'art, en
effet, symbolise avec la nature, étant création :
et cette création équivaut à une idée, puisque
créer, c'est comprendre. Il renferme donc en lui

le trait d'union du conscient et de l'inconscient. D'où il est permis d'espérer que, par un processus analogue à l'intuition de Schelling, qui entrevit le vrai, se formulera une sorte d'agnosticisme esthétique, magnifiant l'Olympe suprême de nos rêves, dieux ou héros.

Entre tous autres, la peinture est l'art qui préparera les voies en résolvant l'antinomie du monde sensible et de l'intellectuel. Et, en présence d'une œuvre telle que celle de Gauguin, on se prend à imaginer quelque des Esseintes, non le maniaque gâteux que nous savons, collectionneur de bibelots inanes, pourvoyeur d'hystéries ou artificier chinois, mais bellement intellectuel qui de libre fantaisie édifierait la haute lice de ses rêves. Les fresques lumineuses d'un Gauguin y figureraient le paysage mural, où chanteraient en mystère les symphonies d'un Beethoven ou d'un Schumann, tandis que les paroles sacrées des lyrismes scanderaient solennellement la légende spirituelle de l'odyssée humaine.

A. Delaroche.

Les crevettes roses.

(Avant.) Hiver 86.

La neige commence à tomber, c'est l'hiver ; je vous fais grâce du linceul, c'est simplement la neige. Les pauvres gens souffrent. Souvent les propriétaires ne comprennent pas cela.

Or, ce jour de décembre, dans la rue Lepic, de notre bonne ville de Paris, les piétons se pressent plus que de coutume, sans aucun désir de flâner. Parmi ceux-là un frileux, bizarre par son accoutrement, se dépêche de gagner le boulevard extérieur. Peau de bique l'enveloppe, bonnet de fourrure, — du lapin sans doute, — la barbe rousse hérissée. Tel un bouvier.

Ne soyez pas observateur à demi et malgré le froid ne passez pas votre chemin sans examiner avec soin la main blanche et harmonieuse, l'œil bleu si clair, si enfant. C'est un pauvre gueux assurément.

Il se nomme Vincent Van Gogh.

Hâtivement il entre chez un marchand de flèches sauvages, vieille ferraille et tableaux à l'huile à bon marché.

Pauvre artiste ! tu as donné une parcelle de ton âme en peignant cette toile que tu viens vendre.

C'est une petite nature morte, des crevettes roses sur un papier rose.

— Pouvez-vous me donner pour cette toile un peu d'argent pour m'aider à payer mon loyer ?

— Mon Dieu, mon ami, la clientèle devient difficile, elle me demande des Millet bon marché : puis vous savez, ajoute le marchand, votre peinture n'est pas très gaie, la renaissance est aujourd'hui sur le boulevard. Enfin, on dit que

vous avez du talent et je veux faire quelque
chose pour vous. Tenez, voilà cent sous.

Et la pièce ronde tinta sur le comptoir. Van
Gogh prit la pièce sans murmure, remercia le
marchand et sortit. Péniblement il remonta la
rue Lepic ; arrivé près de son logis, une pauvre,
sortie de Saint-Lazare, sourit au peintre, désirant
sa clientèle. La belle main blanche sortit du pa-
letot ; Van Gogh était un liseur, il pensa à la
fille Élisa et sa pièce de 5 francs devint la propriété de la malheureuse. Rapidement, comme
honteux de sa charité, il s'enfuit l'estomac creux.

(Après).

Un jour viendra et je le vois comme s'il était
venu. J'entre à la salle nº 9 de l'hôtel des Ventes ;
le commissaire-priseur vend une collection de
tableaux, j'entre. « 400 francs les *Crevettes roses*,
450, 500 francs. Allons, Messieurs, cela vaut mieux
que cela. »

Personne ne dit mot. Adjugé les *Crevettes roses*
par Vincent Van Gogh.

*
* *

Au dix-septième de latitude sud, là comme ailleurs, conseillers généraux, juges, fonctionnaires,
gendarmes, et un gouverneur. Toute l'élite de la
société. Et le gouverneur dit : « Voyez-vous, mes

enfants, dans ce pays, il n'y a pas d'autre chose à
faire que de ramasser des pépètes. »

Un conseiller général, très sage du reste, pro-
pose d'incarner entre deux chapitres du rapport
un petit aléa (ne cherchez pas) : il veut dire *incar-
cérer* un petit alinéa concernant l'argent chilienne.

Un gros procureur, procureur de la République,
après avoir interrogé deux jeunes voleurs, me
rend visite. Dans ma case, il y a des choses bizarres, puisque non coutumières : des estampes
japonaises, photographies de tableaux, Manet,
Puvis de Chavannes, Degas, Rembrandt, Raphaël, Michel-Ange, Holbein.

Le gros procureur (un amateur qui a un très
joli coup de crayon, dit-on), regarde, et devant un
portrait de femme de Holbein du musée de Dresde,
il me dit : « C'est d'après une sculpture... n'est-
ce pas ?

— Non. C'est un tableau de Holbein, école allemande.

— Eh bien, *ça ne fait rien*, ça ne me déplaît
pas, c'est gentil. »

Holbein ? gentil.

Sa voiture l'attend, et il va plus loin en vue de
l'Orofena déjeuner gentiment, sur l'herbe, entouré
d'un gentil paysage.

Est-il gentilhomme ? je ne sais.

Le curé aussi (la classe instruite), me surprend
en train de peindre un paysage.

« Ah Monsieur! vous tirez là une bien belle perspective ! »

Rossini disait : « Je sais bien que ze ne souis pas un Bach, mais ze sais aussi que ze ne souis pas un Offenbach. »

Je suis le plus fort joueur de billard, dit-on, et je suis Français. Les Américains enragent et me proposent un match en Amérique. J'accepte. Des sommes énormes sont engagées.

Je prends le paquebot pour New-York, tempête affreuse ; tous les passagers sont affolés. Je dîne parfaitement, je bâille et je m'endors.

Dans une grande salle luxueuse, luxe américain, la fameuse partie s'engage : mon *partner* joue le premier. 140 points ! l'Amérique se réjouit.

Je joue. Toc, tic et toc, et toujours comme cela, lentement, également. L'Amérique se désespère. Soudain une fusillade bien nourrie assourdit la salle. Mon cœur n'a pas sursauté : toujours lentement, également, les billes zig-zaguent. Toc tic et toc : deux cents, trois cents.

L'Amérique est vaincue.

Et toujours je bâille ; lentement, également, les billes zigzaguent. Toc, tic et tac.

On dit que je suis heureux... Peut-être.

Le grand tigre royal, seul avec moi dans sa

cage : nonchalamment il demande la caresse, me faisant signe de sa barbe et de ses crocs que les caresses suffisent. Il m'aime, je n'ose le battre ; j'ai peur et il en abuse : je supporte malgré moi son dédain. Et cette peur me rend heureux.

La nuit ma femme cherche mes caresses, elle sait que j'en ai peur et elle en abuse : et tous deux, des fauves aussi, nous menons la vie, avec peur et bravoure, avec joies et douleurs, avec force et faiblesse, regardant le soir à la lueur des quinquets, suffoqués des puanteurs félines, la foule stupide et lâche, affamée de mort et de carnage, curieuse du spectacle horrible des chaînes de l'esclavage, du fouet et de la pique, à jamais assouvie des hurlements des patients. A la sortie, mon vieux perroquet, intelligemment dit aussi son mot : « As-tu déjeuné, Jacquot ? »

A ma gauche, la baraque aux animaux savants. L'orchestre cacophone pour entretenir l'harmonie : deux pauvres pitres, des hommes. Les rois de la création se donnent des giffles, des coups de pied. Les singes si instruits ne veulent les imiter.

A ma droite, la modeste baraque des mineurs. Les enfants jolis, innocents entrent là-dedans et suivent de leurs yeux si doux des créatures humaines en fer et en miniature grattant la terre et c'est noir. Au sortir les bébés émerveillés disent que c'est bien joli.

Le marchand de journaux passe en criant :
« Demandez la grève des mineurs. »

Image de la vie et de la société.

*
* *

Critiques anodines.

Dans des sentiers convergents des figures campagnardes, nulles de pensées, cherchent on ne sait quoi.

Cela pourrait être de Pissarro.

Sur le bord de la mer un puits : quelques figures parisiennes de rayures habillées et bigarrées, assoiffées d'ambition sans doute, cherchent dans ce puits tari l'eau qui pourrait les désaltérer. Le tout de confetti.

Cela pourrait être de Signac.

Les belles couleurs, sans qu'on s'en doute, existent et se devinent derrière le voile que la pudeur a tiré. D'amour conçues les fillettes évoquent la tendresse, les mains saisissent et caressent.

Sans hésiter je dis que c'est de Carrière.

La vidangeuse, le vin à quatre sous, la maison du pendu.

Impossible à décrire. Faites mieux, allez les voir.

D'un compotier les raisins mûrs dépassent la bordure : sur le linge. les pommes vert pomme et celles rouge prune se marient. Les blancs sont

bleus et les bleus sont blancs. Un sacré peintre
que ce Cézane.

Avec un camarade devenu célèbre il se rencontre
en se croisant sur le pont des Arts. « Tiens, Cézane, où vas-tu ? — Comme tu vois, je vais à
Montmartre et toi à l'Institut. »

Un jeune Hongrois me dit qu'il était élève de
Bonnat. Mes compliments, lui ai-je répondu, votre
patron vient de remporter le prix au Concours
du Timbre-Poste avec son tableau au salon.

Le compliment fit son chemin ; vous pensez
si Bonnat fut content et le lendemain le jeune
Hongrois faillit me battre.

X un pointilliste. Ah ! oui celui qui les fait le
plus rond.

*
* *

Les vases cloisonnés.

Là bas, bien loin de mon patelin, la campagne
niponne est couverte de neige ; tout le monde
est dans les fermes.

Pour vous éviter d'entrer par la cheminée, les
portes étant fermées, je vais vous introduire par
le seul fait d'une narration au milieu d'une famille niponne. Paysans neuf mois de l'année, artistes les trois mois d'hiver. Et ce que vous aurez
vu dans une maison suffira à votre enseignement ;

toutes sont pareilles, animées de la même vie, des mêmes travaux, et surtout de la même gaieté. L'intérieur est tout ce qu'on veut, une petite fabrique, un dortoir, un réfectoire, etc... rappelant par la petite boîte si bien décrite par notre grand académicien Pierre Loti.

Vous ne trouverez pas non plus la petite Chrysanthème sœur de Rarahu la Tahitienne ; toutes deux incapables de comprendre un cœur distingué de jeune homme déjà blasé et pourri. Pourri aussi le jeune homme japonais, mais pas encore désillusionné. Il n'a d'ailleurs pas encore à côté de lui son frère Yves pour pouvoir s'épancher. Dans une maison japonaise tout est simple et composé, la nature et l'imagination. On fonctionne et l'on mange à tous les fruits et la nature est riche en fruits. Vous m'entendez bien, Loti, mais il faut savoir y goûter, oublier qu'on est officier. Que diable ! on ne couche pas avec ses épaulettes.

Le sucre et le poivre. Goûtez-y, ce n'est pas si mauvais que cela.

Ah ! que le thé a un bon parfum quand on le boit dans une tasse qu'on a faite soi-même, si librement décorée.

Et ces adorables petits paniers que chacun prépare pour la cueillette des cerises au beau temps revenu : tressés par des doigts agiles : arabesques japonaises leur donnent une signature.

Et ces merveilleux vases cloisonnés qui demandent tant de patience, d'adresse et de goût. Chaque paysan japonais fabrique son vase pour y mettre à la belle saison des bouquets.

Paysan ! en dehors des lettrés, gens de la campagne, gens de la ville, c'est la même chose.

Voulez-vous que nous assistions à l'opération ? ce sera l'affaire de deux ou trois mois pour ceux-là, et quelques instants pour vous et moi. Je ne mettrai pas votre patience à l'épreuve par de longues narrations (histoire de remplir des pages). Les éditeurs n'aiment pas cela quand le livre ne rapporte pas des billets de mille.

D'ailleurs ceci n'est pas un livre, tout au plus un bavardage.

Tout d'abord le paysan nipon fait avec soin son dessin et sa composition sur un morceau de papier qui déroulé est de même surface que celle du vase. Il sait dessiner, pas précisément comme chez nous d'après nature, mais à l'école tout enfant on lui a appris un schéma général établi d'après les maîtres.

Les oiseaux au vol, au repos, les maisons, les arbres, tout enfin dans la nature, a une forme invariable que l'enfant arrive vite à posséder au bout des doigts. La composition seule ne lui est point enseignée et l'imagination la plus vagabonde est encouragée.

Voilà donc notre habitant nipon installé avec

un vase de cuivre devant lui, son dessin bien en vue à côté de lui.

Des pinces, des cisailles, fil de cuivre aplati : voilà son outillage.

Avec dextérité il donne à son fil de cuivre placé sur champ toutes les formes exactement semblables au dessin qui est devant lui, puis, au moyen du borax, il soude tous ces contours sur le vase en cuivre, bien entendu à leur place, correspondant au dessin sur le papier. Cette opération terminée, non sans un soin extrême et une grande habileté, remplir tous les vides avec des pâtes céramiques de couleurs différentes n'est plus qu'un jeu d'enfants. Toutefois, avec réflexion et un sens tout particulier des harmonies infiniment variées sans le souci des complémentaires. Le progrès n'est pas encore là : je ne sais si technique il y a. L'artiste a terminé son œuvre d'art et il devient habile céramiste. Il n'a plus qu'à cuire son vase. Le four en terre réfractaire se trouve chez tous les marchands : les paysans en ont toujours de différentes grandeurs. Une petite porte y est ménagée pour y introduire et retirer l'indicateur du degré de cuisson. Les femmes, les enfants entrent en lice : on entoure le four et son contenu avec du charbon qu'on allume doucement, tout doucement. Chacun avec son éventail attise progressivement le feu, et ce sont les jeux innocents. — Monsieur le curé n'aime pas les O — non point

des paroles, mais avec des gestes, jeu auquel tous
sont très exercés.

Les enchères sont les bijoux, les peignes, tout cela
dit et enlevé rapidement. On s'échauffe, l'éventail
va, toujours de plus en plus activé : l'œuvre infernale
s'accomplit dans la cornue ; les rires, les chants
accompagnent ce simulacre de Sabbat. Les gages
sont vite épuisés et les combattants finissent par
être comme au premier âge dans la belle nudité.
Pas une seule feuille de vigne. N'ayant plus rien à
donner, on se donne, et je vous promets que ni le
notaire, ni M. le maire ne régularisent des amours
d'un instant qui ne sauraient être éternelles.

Il est tard, et tout se refroidit, les jeunes gens
et la terrible cornue, doucement, tout doucement.
Le repos après l'œuvre accomplie.

Le matin tout est calme, et sur un de ces petits
bahuts japonais incrusté de nacre, le vase fait
son apparition première car il n'est pas encore
terminé. Mais on veut déjà en jouir un tant soit
peu. S'éloignant, se rapprochant, l'artiste exa-
mine son œuvre.

S'il gronde, les enfants trouvent le vase très
laid, tandis que s'il est gentil et qu'il donne des
bonbons, le plus petit, le bébé, dit Oui et se tait ;
le plus grand admire et dit : « Papa qu'il est beau ! »
bien entendu il dit cela en japonais.

Pour terminer le vase on travaille chaque jour
pour le polir avec soin.

Et au printemps on va par couples gais et heureux, s'égarer dans des forêts de fleurs où au parfum aphrodisiaque les sens reprennent de la vigueur ; on fait des bouquets qui vont si bien dans les vases cloisonnés.

P.-S. — Autrefois je racontai cela à quelqu'un que je croyais intelligent et quand j'eus terminé il me dit :

« Mais vos Japonais sont de rudes cochons ! »

Oui, mais dans le cochon, tout est bon.

⋆
⋆ ⋆

A ce propos, Remy de Gourmont dans le *Mercure* dit :

« C'est vraiment un spectacle unique dans l'histoire que cette furieuse préoccupation de la morale sexuelle qui abrutit sous nos yeux indifférents tant d'hommes doux et tant de femmes aimables. »

Bébé youtre va aux Tuileries jouer ; sa bonne l'y conduit.

Bébé youtre aperçoit un petit chrétien bien las aussi de jouer avec son superbe cheval de bois : il s'approche et regardant avec dédain le cheval de bois, il dit : « Bien laid ton dada ! » puis il joue avec son ballon rouge avec des éclats de joie.

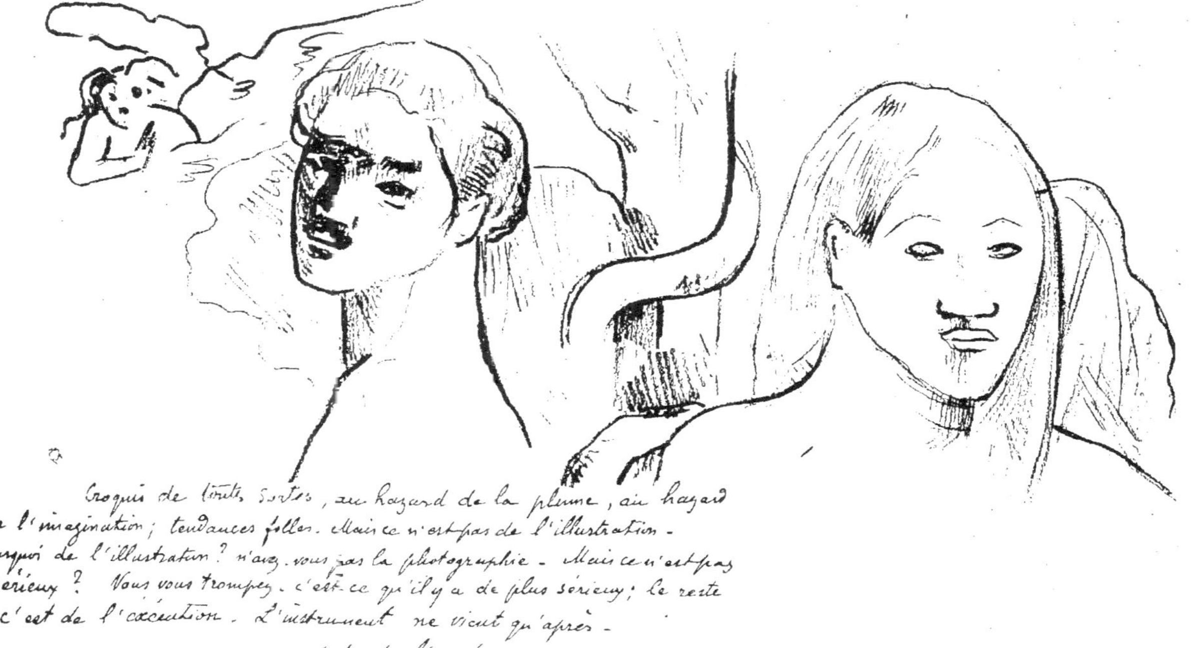

Croquis de toutes sortes, au hazard de la plume, au hazard
de l'imagination; tendances folles. Mais ce n'est pas de l'illustration –
Pourquoi de l'illustration ? n'avez vous pas la photographie – Mais ce n'est pas
sérieux ? Vous vous trompez. c'est ce qu'il y a de plus sérieux; le reste
c'est de l'exécution. L'instrument ne vient qu'après –
Notes de l'auteur –

Les effets ça existe et ça fait bien, ça fait de l'effet. Ne pas trop en abuser cependant si ce n'est pour éviter le dessin et la couleur.

Quand je doute de l'orthographe l'écriture devient illisible. Que de gens usent de ce stratagème en peinture — si le dessin et la couleur les embarrassent.

Chez les Japonais les valeurs n'y sont pas et ma foi tant mieux; Tout cela dépend du point de vue où on se place — Dans les tons il y a une décoration de perspective. Les tapisseries s'en passent; Les peintures murales sont dans le même cas — on doit toujours sentir le mur.

D'agréable compagnie sans apprêts. Ce ne sont pas des negresses ce sont des marnes. L'auteur a soin de le dire histoire de renseigner la critique.

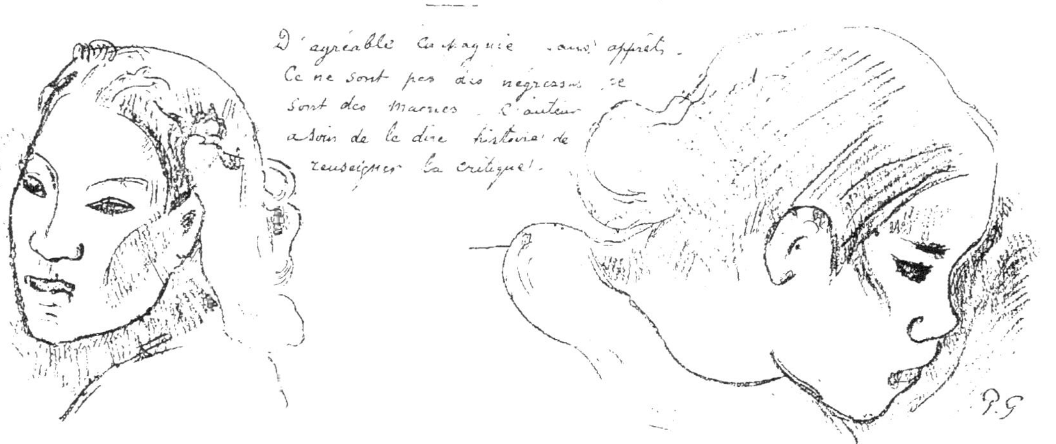

Bébé chrétien pleure, puis en soupirant, timidement il dit : « Veux-tu changer. »

Bébé youtre rentre triomphalement à la maison avec le cheval de bois ; et le père s'écrie : « Mamour d'enfant, c'est tout mon portrait. Il ira loin. »

Ne conseillez, ni gourmandez quelqu'un qui vient vous demander un service, surtout si vous ne le lui rendez pas.

Prenez garde de marcher sur le pied d'un imbécile instruit : sa morsure est inguérissable.

*
* *

Ce fut à l'époque des Tamerlan, je crois, en l'an X avant ou après Jésus-Christ. Qu'importe ? Souvent précision nuit au rêve, décaractérise la Fable. Là-bas du côté où le soleil se lève ce qui fit appeler cette contrée le Levant, en un bosquet odorant quelques jeunes gens au teint basané, mais cheveux longs contrairement aux usages de la foule soldatesque, indice de leur future profession se trouvaient réunis.

Ils écoutaient, je ne sais si respectueusement, le grand professeur Vehbi-Zunbul-Zadi, le peintre donneur de préceptes. Si vous êtes curieux de savoir ce que pouvait dire cet artiste en des temps barbares, écoutez :

— 55 —

Il disait :

« Employez toujours des couleurs de même ori-
gine. L'indigo est la meilleure base ; il vient
jaune traité par l'esprit de nitre et rouge dans le
vinaigre. Les droguistes en ont toujours. Tenez-
vous-en à ces trois colorations. Avec de la patience
vous saurez ainsi composer toutes les teintes.
Laissez le fond de votre papier éclaircir vos teintes
et faire le blanc, mais ne le laissez jamais absolument nu. Le linge et la chair ne se peignent que
si l'on a le secret de l'art. Qui vous dit que le vermillon clair est la chair et que le linge s'ombre de
gris ? Mettez une étoffe blanche à côté d'un chou
ou à côté d'une touffe de roses et vous verrez si
elle sera teintée de gris.

« Rejetez le noir et ce mélange de blanc et de
noir qu'on nomme gris.

« Rien n'est noir et rien n'est gris. Ce qui semble
gris est un composé de nuances claires qu'un œil
exercé devine. Qui peint n'a point pour tâche
comme le maçon de bâtir, le compas et l'équerre
à la main, sur le plan fourni par l'architecte. Il est
bon pour les jeunes gens d'avoir un modèle, mais
qu'ils tirent le rideau sur lui pendant qu'ils le
peignent. Mieux est de peindre de mémoire, ainsi
votre œuvre sera vôtre, votre sensation, votre
intelligence et votre âme survivront alors à l'œil
de l'amateur.

« Il va dans son écurie quand il veut compter les

poils de son âne, voir combien il en a à chaque
oreille et déterminer la place de chacun.

« Qui vous dit que l'on doit chercher l'opposition
de couleur ?

« Quoi de plus doux à l'artiste que de faire dis-
cerner dans un bouquet de roses la teinte de cha-
cune. Deux fleurs semblables ne pourraient donc
jamais être feuille à feuille ?

« Cherchez l'harmonie et non l'opposition, l'accord et non le heurt. C'est l'œil de l'ignorance qui
assigne une couleur fixe et immuable à chaque
objet ; je vous l'ai dit, gardez-vous de cet écueil.
Exercez-vous à le peindre accouplé ou ombré,
c'est-à-dire voisin ou mis derrière l'écran d'objets,
d'autres ou semblables couleurs que lui. Ainsi vous
plairez par votre variété et votre vérité, la vôtre.
Allez du clair au foncé, du foncé au clair. Votre travail ne sera jamais trop long, l'œil cherche à se
récréer par votre travail, donnez-lui joie et non
chagrin.C'est au faiseur d'enseignes qu'appartient
la reproduction de l'œuvre d'autrui. Si vous repro-
duisez ce qu'un autre a fait, vous n'êtes plus qu'un
faiseur de mélanges : vous émoussez votre sensibilité
et immobilisez votre coloris. Que chez vous tout
respire le calme et la paix de l'âme. Aussi évitez
la pose en mouvement. Chacun de vos personnages doit être à l'état statique. Quand Oumra
a représenté le supplice d'Ocraï il n'a point levé
le sabre du bourreau, prêté au Khakhan un

geste de menace et tordu dans les convulsions la mère du patient. Le sultan assis sur son trône plisse sur son front la ride de la colère : le bourreau debout regarde Ocraï comme une proie qui lui inspire pitié, la mère appuyée sur un pilier témoigne de sa douleur sans espoir, par l'affaissement de ses forces et de son corps. Aussi une heure se passe-t-elle sans fatigue devant cette scène plus tragique dans son calme que si la première minute passée l'attitude impossible à garder eût fait sourire de dédain.

« Appliquez-vous à la silhouette de chaque objet ; la netteté du contour est l'apanage de la main qu'aucune hésitation de volonté n'affadit.

« Pourquoi embellir à plaisir et de propos délibéré ; ainsi, la vérité, l'odeur de chaque personne, fleur, homme ou arbre disparaît ; tout s'efface dans une même note de joli qui soulève le cœur du connaisseur. Ce n'est point à dire qu'il faille bannir le sujet gracieux, mais il est préférable de rendre comme et tel que vous voyez que de couler votre couleur et votre dessin dans le moule d'une théorie préparée à l'avance dans votre cerveau. »

Quelques murmures se font entendre dans le bosquet : si le vent ne les eût emportées, on aurait peut-être entendu quelques paroles malsonnantes : Naturaliste, Pompier, etc... Mais le vent les emporta, cependant Mani fronça le sourcil, appela ses élèves anarchistes puis continua.

« Ne finissez point trop, une impression n'est
point assez durable pour que la recherche de l'infini détail faite après coup ne nuise au premier jet:
ainsi vous en refroidissez la lave et d'un sang bouil-
lonnant vous en faites une pierre. Fût-elle un rubis
rejetez-la loin de vous.

« Je ne vous dirai point quel pinceau vous devez
préférer, quel papier vous prendrez et à quelle
orientation vous vous mettrez. Ce sont là choses
que demandent les jeunes filles à longs cheveux
et à esprit court qui mettent notre art au niveau
de celui de broder des pantoufles et de faire de
succulents gâteaux. »

Gravement Mani s'éloigna.
Gaiement la jeunesse s'envola.
En l'an X tout ceci se passa.

Jugements contemporains.

Une pétulante dame, mûre, trop mûre, une
femme qui m'avait effrayé et que moi, Joseph,
n'avais pas osé comprendre, dit à ma fiancée :
« Voyez-vous, mon enfant, vous allez épouser un
honnête garçon, mais ce qu'il est bête ! ce qu'il
est bête ! »

Un peu plus tard, un jeune peintre fraîchement
débarqué, dit :

« Gauguin, voyez-vous, c'est un grossier matelot,
très adroit à faire des petits bateaux, toutes voiles

dessus, et bien encadrés : un tel peut-être le dé-
gourdira. »

Voilà, ce me semble, de quoi se préserver du
péché d'orgueil.

Encore plus tard, un autre tout jeune homme
précoce écrivit :

« Ardent pionnier j'ai remué la terre, le cerveau
plein d'idées, et je n'ai rien trouvé, ce que voyant,
Gauguin, plus savant ramassa toutes les richesses. »

De ce chercheur un amoureux d'art a dit: « Il
décalque un dessin, puis il décalque ce décalque,
ainsi de suite jusqu'au moment où, comme l'au-
truche la tête dans le buisson il trouve que ça ne
ressemble plus et alors ! ! il signe.

Pour se venger de Gauguin, ce charmant jeune
homme entretenu par un mécène croyant écrivit
à un ami de Gauguin :

« Mon cher et tendre ami, Gauguin vous a fait
cocu. »

Cet ami, convaincu à juste titre de la calomnie
répondit : « Que nenni. » Et notre charmant jeune
homme pour se venger de cet ami incroyant qui
était peintre aussi, mit sur une lettre à son adresse:
« Monsieur Z, propriétaire, » ce que voyant l'ami
écrivit au Caire : « Monsieur Zéro, locataire. »

Voilà de quoi vous apprendre à ne pas fréquen-
ter les impudents. De tout cela je n'ai garde ; le
chemin se fait de plus en plus rude, on vieillit. Le
souvenir du mal en fumée s'évanouit, le velours sur

la conscience cache les épines, adoucit les morsures.

La gloire est peu de chose si le piédestal mal construit s'effondre au moindre souffle. D'ailleurs, les vrais l'évitent ; c'est si bon la solitude, si rasérénant l'oubli quand consciencieux du péché, on désire la délivrance tout en redoutant l'Après inconnu.

Géant tu es mortel, cela suffit à t'humilier. Problème qu'on cherche à résoudre, facile au début, sphinx à la mort.

Poignée de menues pièces de monnaie jetées au vent par un Crésus et qu'après dispute le plus fort ou le plus adroit ramasse en minime partie, glorieux de sa victoire. Il doit vite en rabattre quand chez le marchand de tabac il en demande pour sa piécette de deux sous qu'il a si difficilement ramassée.

Mon voisin dit : « C'est quèlque chose, la philosophie du Monsieur tant mieux, c'est beaucoup, et moi qui ne suis qu'un serin, je dis c'est bien peu de chose. »

« Mon Dieu, disait-elle, il est très honnête : mais... ce qu'il est bête ! !

Ceci n'est pas un livre.

*
* *

Dans le sentier muletier, bleus tous deux, rayés argentés deux braves ondulent devant eux, car

la ligne courbe certainement est la plus courte :
le vin de l'administration dérigide les jarrets,
empâte la langue. Que ce serait la même chose
que dans la chanson si ce n'était aux Marquises,
quand apercevant une petite frimousse dorée
que vous ne sauriez appeler Grille d'Égoût ou
la Goulue, le brigadier, s'écria : « Pour moi ! » et
que subséquemment le gendarme répondit : « Brigadier vous n'avez pas raison. »

Et la petite frimousse de répondre aussi sans se
fâcher.

Le premier payera deux piastres: le second n'en
payera qu'une.

Cette fois le gendarme pensant que la petite
était aussi bécarre qu'à Paris répondit : «Brigadier,
vous avez raison. Mais non... mais non, à vous
monsieur le gendarme de tirer le premier, tout
comme les Anglais. »

Mais un gendarme ne saurait passer devant son
brigadier. On a beau être aux Marquises, ces dames
sont dans le train ; d'ailleurs les missionnaires
leur disent. Le péché doit avoir son excuse. La
monnaie c'est l'excuse...

*
* *

Lisant le *Journal des Voyages*, un homme pense
quitter Paris, une civilisation qui l'obsède ; il prend
le train et le bateau à Marseille, navire somptueux.

Déjà sur le navire, quelques jours de marche et il commence à connaître ce monde colonial qu'il ne soupçonnait pas.

Oh ! les délices de vivre en troupe sous une férule avec la sécurité de la pâtée et la possible auréole d'une palme !

REMY DE GOURMONT.

Tous les jours, brillants festins, longues tables de mets succulents : un officier préside chaque table.

« Maître d'hôtel ! qu'est-ce que c'est que cela : croyez-vous que je sois habitué à manger une pareille nourriture. Le gouvernement paye et j'en veux pour mon argent. Chez lui l'employé déjeune avec deux sous de figues et un sou de radis. Le dimanche la salade et une trempette dans le vinaigre rehaussé d'ail, à bord c'est différent, on est en congé et aux frais de la princesse on veut gobeloter en grognant. »

Palais délicats de ruffian, souvent mari complaisant : des enfants en veux-tu en voilà, boutoneux, scrofuleux, tout le portrait de leurs parents ; déjà marqués du sceau de la médiocrité : bienfaits de l'instruction publique et obligatoire.

A travers le grand Océan un navire vient de toucher la terre et c'est un îlot qui n'est pas marqué sur la carte. Trois habitants cependant : un gouverneur, un huissier et un marchand de tabac avec timbres-poste. Déjà ! ! !

Ah ! lecteurs, vous croyez que c'est commode

de trouver un coin tranquille à l'abri des méchants. Pas même l'île du docteur Moreau : pas même la planète de Mars. On vient de s'en apercevoir depuis que les Marsiens (histoire de venger les Boërs) sont descendus à Londres afin d'organiser la panique de tous ces braves Anglais.

Arrivée à Tahiti. Les voyageurs pour le retour changent de train. L'arrivée doit une visite (inénarrable le chapeau Gibus), le gouverneur, les balayeurs aussi. On susurre... finalement mais gracieusement, on vous demande : « Avez-vous de l'argent ? »

Ne vous désespérez pas cependant : le soir arrive et vous allez enfin goûter l'oubli de la civilisation. Au centre du petit square un petit kiosque à peine suffisant pour contenir tous les membres de la Société philharmonique et les lampions allumés, charmante musique moderne, vous enchantent. Avisant un employé à casquette qui distribue des billets pour les chevaux de bois, vous vous méprenez et vous demandez votre billet d'omnibus Madeleine-Bastille. Toujours distrait, vous prenez place dans un véhicule traîné par des chevaux de bois. Ça tourne, ça tourne encore. Ce n'est pas la Bastille. Erreur ! ! c'est Tahiti.

Et si jamais pareille mésaventure vous arrive, ne vous avisez pas de faire la connaissance d'un procureur de la République française. Comme à moi, il vous en cuirait.

Au surplus, que je vous raconte l'aventure, non au début. Ce serait vous ennuyer, mais au moment où plus rageur que Meissonier je voulus me fâcher.

Tout le monde, même le commandant du navire de guerre, voulut me dissuader d'une pareille escapade. « Vous ne savez pas ce que c'est qu'un procureur et un gouverneur aux colonies, me disait-on : autant arrêter la marche d'une comète en lui mettant un grain de sel sur la queue. »

Voilà comment je devins journaliste, polémiste si vous voulez. Mais naviguer au milieu de ces récifs sans s'y briser, n'est pas une petite affaire. Il me fallut étudier les détours pour ne pas aller en prison.

Un petit spécimen de mon savoir-faire : « Quant à X... les dit-on sont si formidables que par respect de l'humanité je m'impose le devoir de croire que c'est *Peut-être* de la calomnie. »

Encore un spécimen : celui-là dans le ridicule.

Démosthène, εσπερα μενγαρ ἦν
C'était pendant l'horreur d'une profonde nuit.

Anecdotes traduites du grec souvent divertissent : en raconter une sans garantir la fidélité de la traduction ne me paraît pas une hardiesse hors de mes moyens mais plutôt un jeu de joyeux compagnon. En l'an X de la XVIIIᵉ dynastie Ramsès, il se passait bien d'étranges choses à Cythère, mais Cythère au peuple crétois n'était pas ce qu'elle est aujourd'hui. Cythère cédée à la Suisse en échange de la fameuse arbalète de Guillaume Tell et de sa pomme qui devint plus tard la pomme Cythère, Cythère devenue suisse perdit son beau temple de Vénus et un semblant d'austérité genevoise la rendit morne, insupportable.

Autrefois donc à Cythère au peuple crétois, le ciel était pur, les femmes adorables et adorées ayant la joie nue de vivre dans la clémence de l'air, dans la caresse des herbes douces, dans la volupté du bain. Et c'était une perpétuelle fête, une ignorance parfaite du travail que les générosités de la nature font inutile.

Rien de plus riant que son port, avec ses boutiques ensoleillées, ses pirogues ; et ce fut un jour fameux que le 6e jour de la XVIIIe dynastie de Ramsès en l'an X. La société commerciale venait d'ouvrir son vaste magasin lorsque se présenta un client, un tout petit jeune homme microscopique, mignon au possible, si bien habillé, pommadé ciré depuis en haut jusques en bas.

D. — Avez-vous du cold-cream à la cannelle ?

R. — Oui, certes et du tout frais.

D. — Donnez-m'en un kilo. Et le commis empressé, de fournir la marchandise, de proposer plusieurs articles, entre autres la fameuse découverte du biberon Pastoros contre la rage des dents.

« Figurez-vous que le vaccin a été pris sur un

morse tout particulier qui réside seulement au 90e degré de latitude. On en a fait une expérience concluante sur l'éléphant bleu d'Amsterdam. Cet animal était devenu extrêmement dangereux par suite d'une rage de dents : un cancrelat s'était installé dans une de ses défenses pour y faire son nid.

Or le biberon Pastoros possède une tétine à aspérités. L'éléphant biberonna, se piqua, se vaccina.

O merveilleuse découverte : l'éléphant bleu devint rouge aussitôt, puis ses défenses tombèrent au pied du cornac.

Comme le petit mignon sortait du magasin, les vitres s'assombrirent ; la belle, l'immense Toutoua dit tout bas : « A ce soir. »

8 heures sonnaient au beffroi. Bien heureux, le petit mignon suivi de ses deux chiens noirs montait (cette fois avec majesté, les marches de la grande construction).

D. — Tout le monde est à son poste ? demanda-t-il.

R. — Oui, Seigneur archonte.

D. — Qu'on me laisse tranquille ce matin, je n'y suis pour personne.

Dans son élégant cabinet capitonné, Mignon est seul, se mire, se pomponne, puis étend une couche de cold-cream sur son petit museau adoré. Il se déculotte (un peu seulement… les convenances !…) et allant on ne sait où, un peu de ce cold-cream à la cannelle s'engloutit aux profondeurs mystérieuses du chérubin.

8 heures du soir. L'immense, la belle Toutoua en son logis gazouille, chemise entr'ouverte, laissant voir de mystérieuses choses aux âcres senteurs dont la vue aurait en des vieillards éteints rallumé le feu de Vénus et particulièrement échauffait son mignon. Tous deux d'amour brûlaient à la recherche des extases suprêmes. Ce fut une nuit superbe.

Le sommeil depuis quelques heures avait engourdi nos deux belles créatures lorsque les voitures du laitier annoncèrent l'heure proche du marché. L'immense Toutoua se réveilla, voulut à gauche, à droite, embrasser son adoré. Oui-da, elle ne trouva rien. Peau de balle, balai de crin. Une sueur froide inonda ses puissants mamelons lorsqu'elle sentit sous elle son cher mignon. L'insecte ne donnait plus signe de vie, tout à fait endommagé.

Que faire ? toutes prolonges dehors et pas un verre de ratafia. Toutoua tristement mit l'insecte entre ses deux mamelons et le porta au logis seigneurial. Le docteur fut appelé et trouva que l'insecte devait être mal à son aise. Le grand Hip-

pocrate lui-même n'aurait pas trouvé mieux que
son disciple lorsque celui-ci prenant un soufflet
d'insecticide Vicat l'introduisit dans les profondeurs mystérieuses car aussitôt l'insecte respira.

En l'an X de la 18e dynastie Ramsès, tout ceci
se passa.

Traduction s.-g.-d.-g.

*
* *

Au café, au grand 9, sur le boulevard, je vais :
tout le monde y va, la belle race arienne circule.
Au café, au grand 9, sur le boulevard, je dessine,
je regarde, j'écoute sans attrait. Au café, les tables
de marbre invitent le crayon, les glaces agrandis-
sent la foule : le monde est là sans choix. Sans
choix aussi je dessine ; tout est beau, tout est
laid.

Tiens ! ! ! voilà une tête que je connais ; où
diable l'ai-je vue. Le profil est anguleux, et je
cherche qui cela peut être. Ah ! j'y suis, c'est moi,
je me résigne sans tristesse. Je me croyais mieux.
La vérité !! Au grand 9, Madame dit : « Que pre-
nez-vous ? du champagne. N'est-ce pas ? Et moi,
plus modeste, je réponds : « Donnez-moi du pip-
permint ! »

Elle, parée, odorante, crasse verveine prend une
chopine. Là aussi les glaces renvoient le visage
des hommes, des femmes. Ce n'est pas beau. Et

je figure à côté de l'hétaïre. L'amour embellit,
dit-on. Je m'efforce d'être convaincu ; impitoyablement mon crayon s'y refuse. La vérité ! ! !

*
* *

Souvent, très souvent, le nègre, demi-nègre, quart de nègre, capre même gouverne aux colonies qui ne les ont pas vu naître. Instruits souvent, intelligents même, ils restent nègres, demi-nègres, quart de nègre, capre même. Le coq de la Gaule, l'ancien maître devient esclave et ne chante plus son cocorico d'autrefois ; à son tour devient souverain maître le corbeau d'Éthiopie qui croasse.

Allons enfants de la Patrie, le jou... de gloi...e é pa...mi nous !

Durant mon séjour à la Martinique, un nègre, demi-nègre, quart de nègre, capre même, vint à se disputer avec un Bordelais, de là insultes. Le Bordelais exigea le duel qui fut accepté par notre nègre, demi-nègre, etc... et rendez-vous fut pris dans la canne à sucre. Les témoins étaient de part et d'autre des quinbois, c'est-à-dire des porte-chance.

Notre Bordelais sur le terrain eut la colique et excuses faites de l'accident il alla dans la canne à sucre déboucler son pantalon. L'opération (il faut croire ?) fut assez longue, car les témoins impatientés vinrent à la rescousse.

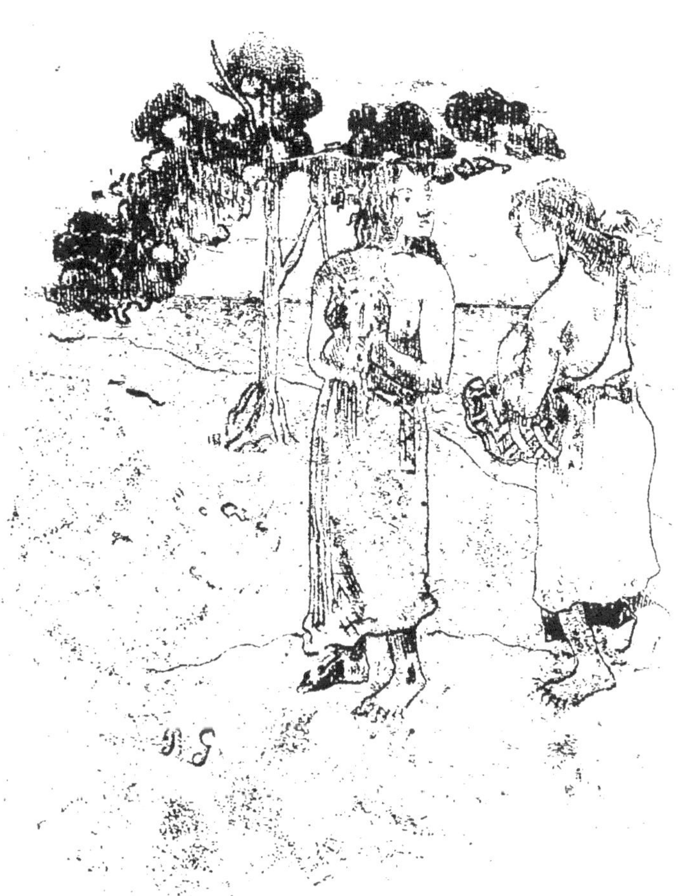

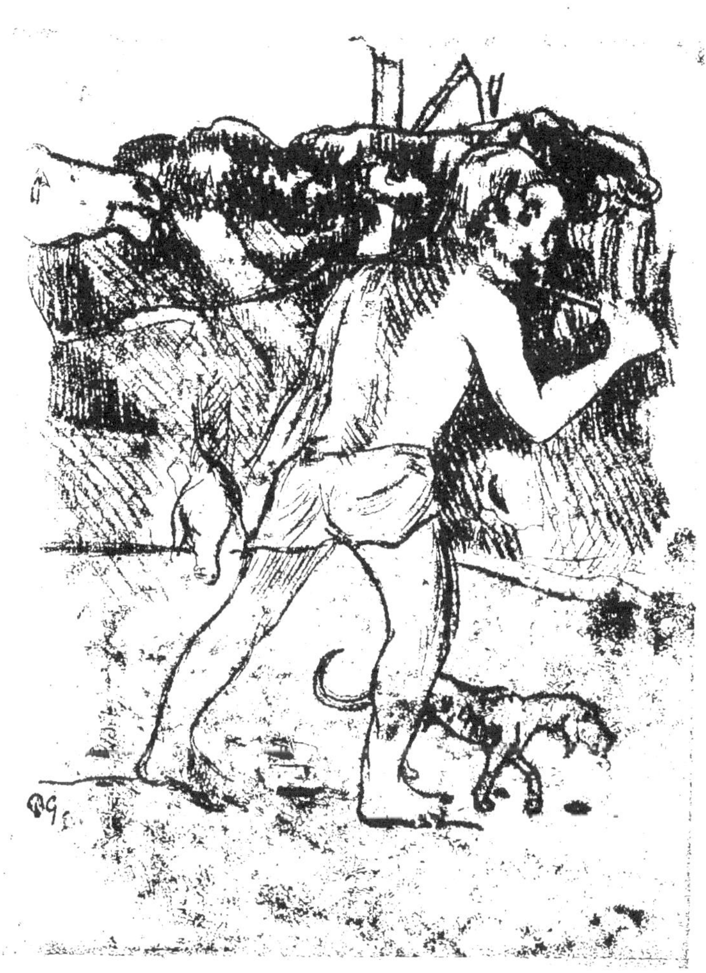

« Comment ! dit notre Bordelais, le nègre, demi-
nègre... n'est pas encore parti ? Dites-lui bien :
« Cinquante ans, il restera, cinkanttt ans je chie-
rai. »

Les Bordelais n'aiment pas les nègres, demi-
nègres, quart de nègre, capres même.

Un journal à Tahiti qui ne serait pas politique
ne serait pas respectable. Élections à Tahiti c'est
synonyme de Picpus contre l'ours de Berne. Me
voilà donc (qui l'aurait cru), devenu picpus pour
ne pas être suisse.

D'un bord, sale calotin, de l'autre vil sectaire.
Parpaillot, jamais... jamais de ma vie, même
lorsque je fis ma première communion, je ne fus
aussi catholique et j'eus raison. Vous allez savoir
comment.

J'en étais là, lorsque je me dis qu'il était temps
de filer vers un pays plus simple et avec moins
de fonctionnaires. Et je songeai à faire mes malles
pour aller aux Marquises. La terre promise, des
terres à ne savoir qu'en faire, de la viande, de la
volaille et pour vous conduire, par-ci, par-là, un
gendarme doux comme un mérinos.

De ce pas, le cœur à l'aise, confiant comme une
pucelle qui serait barrée je pris le bateau et j'arrivai tranquillement à Atuana chef-lieu de Hi-
vaoa.

Il me fallut singulièrement en rabattre. La

6

fourmi n'est point prêteuse, c'est là le moindre défaut : et j'avais l'air d'une cigale qui aurait chanté tout l'été.

Tout d'abord, les nouvelles à mon arrivée furent qu'il n'y avait point de terres à louer ou à vendre, sinon à la mission et encore. L'évêque était absent et il me fallut attendre un mois ; mes malles et un chargement de bois de construction restaient sur la plage.

Durant ce mois j'allais comme vous le pensez tous les dimanches à la messe, forcé de jouer mon rôle de vrai catholique et de polémiste contre les protestants. Ma réputation était faite et Monseigneur sans se douter de mon hypocrisie voulut bien (parce que c'était moi), me vendre un petit terrain rempli de cailloux et de brousse, au prix de 650 francs. Je me mis courageusement à l'œuvre et grâce encore à quelques hommes sous la recommandation de l'évêque je fus installé rondement.

L'hypocrisie a du bon.

Ma case finie, je ne songeai guère à faire la guerre au pasteur protestant qui d'ailleurs est un jeune homme bien élevé et d'un esprit très libéral : je ne songeai pas non plus à retourner à l'Église.

Une poule survint et la guerre fut allumée.

Quand je dis une poule je suis modeste, car toutes les poules arrivèrent sans aucune invitation.

Monseigneur est un lapin, tandis que moi je

suis un vieux coq, bien dur et passablement
enroué. Si je disais que c'est le lapin qui a commencé je dirais la vérité. Vouloir me condamner
au vœu de chasteté ! c'est un peu fort : pas de
ça Lisette.

Couper deux superbes morceaux de bois de
rose et les sculpter genre marquisien ne fut qu'un
jeu pour moi. L'un représentait un diable cornu
(le père Paillard). L'autre, une charmante femme,
fleurs dans les cheveux. Il suffit de l'avoir appelé
Thérèse **pour** que tous, sans exception, même les
enfants de l'école, y vissent une allusion à ces
amours si célèbres.

Si c'est une légende ce n'est toujours pas moi
qui l'ai créée.

Mon Dieu que voilà des potins, et si jamais
je retourne à Paris je pourrai d'emblée me présenter comme concierge et lire tous les matins
le feuilleton du *Petit Journal.*

D'ailleurs ici, nulle conversation n'est possible,
si ce n'est potiner et dire des cochonneries : dès
le berceau, l'enfant se tient au courant. C'est, à
vrai dire, toujours la même chose, comme le pain
quotidien.

Pas toujours spirituel, mais cela repose des
travaux d'art ; la pensée folâtre, le corps aussi.
Les femmes sont simoniennes sans discuter. Puis
cela vous préserve de l'ennuyeuse austérité, et de la
vilaine hypocrisie qui rend les gens si méchants

Une orange et un regard de côté. Cela suffit.

L'orange dont je parle varie de 1 franc à 2 francs ; ce n'est vraiment pas la peine de s'en priver. On peut à son aise faire son petit sardanapale sans se ruiner.

Le lecteur doit sans doute chercher l'idylle, car il n'y a pas de livre sans idylle. Mais…

Ceci n'est pas un livre.

*
* *

A l'interprète indigène j'ai dit : « Mon garçon, comment dis-tu, en langue marquisienne : Une idylle. « Et il m'a répondu : « Que vous êtes rigolo ! » Poussant plus loin mes investigations, je lui ai dit : « Quelle est l'expression pour dire vertu ? » Et en riant, ce brave garçon m'a répondu : « Vous me prenez donc pour un imbécile ? »

Le pasteur lui-même raconte que c'est un péché.

Et les femmes comme des biches étonnées, au regard velouté, semblent dire : « C'est pas vrai. » Une Parisienne dirait : « Cause toujours ! »

Je sais bien que là-bas. à Paris comme en province, les fonctionnaires en congé vous en racontent d'extraordinaires. N'en croyez rien : *ici*, les monstres sont naturels. Ils voient bien, sans en avoir l'air, que nos casques sont ridicules et que nous vantant du contraire nous sommes de fiers cochons.

Ils promettent, disent-elles, et ils ne tiennent pas. Autrement dit, ça ne biche pas.

A part cela ils se foutent de nous comme Colin à Tampon.

Si vous rencontrez jamais au Helder ou un autre bouzin, un gouverneur qui s'appelle Ed. Petit, admirez-le, car c'est un rude serin.

Figurez-vous qu'autrefois ! Commissaire à bord du *Hugon* il vint aux Marquises, fit pas mal de mariages comme celui de Loti, et fier de l'une d'elles il voulut se payer la tête de sa belle-mère qui résidait à quelques pieds sous terre dans cette charmante île qu'on nomme Taoata.

On gratta, on déterra et comme notre commissaire voulait emporter la fameuse tête, le beau-père s'écria : « Combien de piastres ? »

« Ça n'a pas de prix, » répondit notre spirituel commissaire. Rien de plus entêté qu'un beau père qui veut des piastres et la fameuse tôto róin tégra son domicile éternel.

Comme le petit Poucet notre commissaire par mégarde sema des petits cailloux sur sa route et la nuit déroba la tête convoitée.

Le missionnaire (vigie qui ne laisse rien passer), fit une plainte écrite et le commandant du *Hugon*, tout à fait courroucé apprit à notre commissaire qu'une belle-mère, c'est sacré...

A son examen, à l'École coloniale on lui fit cette demande :

D. — Quel est le moyen d'équilibrer un budget ?

R. — C'est très simple, il faut le ruiner.

Allez donc coloniser !

*
* *

Un journal américain nous apprend que le président Mac Lean assassiné est mort, d'après l'avis des médecins, par faute de vitalité ! !

Ici se pose une question de procédure. Manque· de vitalité : n'est-ce pas un vice de forme ? et alors dans ce cas n'aurait-on pas chance de gagner en allant en Cour de cassation.

Cet extraordinaire gouverneur qu'on nomme Ed. Petit écrit au ministre.

« Aux Marquises, la race disparaît de plus en plus. N'y aurait-il pas lieu de nous envoyer le trop-plein de la Martinique. »

Ceci écrit après la catastrophe du volcan.

Cela ressemble un peu à cet aide de camp qui vient trouver l'empereur Napoléon Ier.

« Sire ! cent mille hommes vous attendent en bas. N'y aurait-il pas lieu de les faire monter par le petit escalier dérobé ? » Et Napoléon Ier de répondre. « Dites-i qu'ils entrent, mon bon ! »

Si au Helder ou autre bouzin, voire même aux Folies-Bergère, vous rencontrez Ed. Petit, dites-lui qu'il n'a pas son pareil.

Dieu, que j'ai si souvent offensé, m'a cette fois épargné : au moment où j'écris ces lignes un orage tout à fait exceptionnel vient de faire des terribles ravages.

Dans l'après-midi d'avant-hier, le gros temps qui s'accumulait depuis quelques jours prit des proportions menaçantes. Dès 8 heures du soir, c'était la tempête. Seul, dans ma case, je m'attendais à chaque instant à la voir s'écrouler : les arbres énormes qui au tropique ont peu de racines sur un sol qui une fois détrempé n'a plus de consistance, craquaient de toutes parts et tombaient sur le sol avec un bruit sourd. Surtout les maiore (arbre à pain qui ont un bois très cassant). Les rafales ébranlaient la toiture légère en feuilles de cocotier, s'introduisaient de tous côtés, m'empêchant de tenir la lampe allumée. Ma maison démolie avec tous mes dessins, matériaux accumulés depuis vingt ans, c'était ma ruine.

Vers 10 heures un bruit continu, comme un édifice de pierre qui s'écroulerait attira mon attention. Je n'y tins plus et je sortis dehors de ma case, les pieds aussitôt dans l'eau.

A la pâle lueur de la lune qui venait de se lever, je pus voir que j'étais ni plus ni moins au milieu d'un torrent qui charriait les cailloux venant se heurter aux piliers de bois de ma maison.

Je n'avais plus qu'à attendre les décisions de la Providence et je me résignai. La nuit fut longue.

Aussitôt le petit jour je mis le nez dehors. Quel étrange spectacle que, dans cette nappe d'eau, ces blocs de granit, ces énormes arbres venant d'on ne sait où. La route qui était devant mon terrain avait été coupée en deux tronçons : de ce fait je me trouvais sur un îlot enfermé moins agréablement que le diable dans un bénitier.

Il faut vous dire que ce qu'on nomme la vallée d'Atuana est une gorge très resserrée en certains endroits où la montagne forme muraille. En pareil cas toutes les eaux des plateaux du haut descendent à pic dans le torrent. L'Administration toujours peu intelligente a fait là, juste le contraire de ce qu'il y avait à faire. Au lieu de faciliter l'écoulement des grandes eaux, elle a fait juste le contraire barrant de toutes parts avec un amoncellement de cailloux. De plus, sur les bords, même au milieu du torrent, elle laisse pousser des arbres, qui naturellement sont renversés par les eaux et forment autant d'instruments de démolition, renversant tout sur leur passage. Les maisons dans ces pays chauds et pauvres sont de construction légère et un rien les renverse : autant d'éléments de désastre. La raison n'est donc rien, pour qu'on la foule de pareille façon ; déjà il n'est plus question que de reboucher sommairement les trous faits par le torrent. Mais des ponts ! où est l'argent l'éternelle question. Où est l'argent ?

Qu'on nous laisse, nous simples colons, gérer nos affaires, employer nos fonds à des ouvrages utiles, au lieu d'entretenir tous ces employés insolents et médiocres. On verra alors ce que peut devenir une petite colonie. Je dis... Une petite colonie, comme celle des Marquises.

Ma case a résisté et lentement nous allons tâcher de réparer les dégâts. Mais à quand la prochaine inondation ?

*
* *

Le *Journal des Voyages* (auteurs autorisés), la géographie de Élisée Reclus nous ont fait la description des Marquises avec leurs côtes inaccessibles, leurs montagnes à pente rapide, granitiques. Je ne veux rien ajouter de mon cru ; ce ne serait pas scientifique.

Je veux vous parler des Marquisiens ce qui sera assez difficile aujourd'hui. Rien de pittoresque à se mettre sous la dent. Jusqu'à la langue, qui aujourd'hui, est abîmée par tous les mots français mal prononcés. Un cheval (chevalé), un verre (verra). etc...

On ne semble pas se douter en Europe qu'il y a eu soit chez les Maories de la Nouvelle-Zélande, soit chez les Marquisiens un art très avancé de décoration. Il se trompe, Monsieur le fin critique quand il prend tout cela pour un art de Papoue !

Chez le Marquisien surtout, il y a un sens inouï de la décoration.

Donnez-lui un objet de formes géométriques quelconques, même de géométrie gobine, il parviendra, — le tout harmonieusement, — à ne laisser aucun vide choquant et disparate. La base en est le corps humain ou le visage. Le visage surtout. On est étonné de trouver un visage là où l'on croyait à une figure étrange géométrique. Toujours la même chose et cependant jamais la même chose.

Aujourd'hui même à prix d'or on ne retrouverait plus de ces beaux objets en os, en écaille, en bois de fer qu'ils faisaient autrefois. La gendarmerie a tout *dérobé* et vendu à des amateurs collectionneurs et cependant l'Administration n'a pas songé un seul instant, chose qui lui aurait été facile, à faire un musée à Tahiti de tout l'art océanien.

Tous ces gens qui se disent cependant si instruits n'ont pu se douter un instant de la valeur des artistes marquisiens.

Il n'y a pas la moindre femme de fonctionnaire qui devant cela ne se soit écrié : « Mais c'est horrible ! c'est de la sauvagerie ! » De la sauvagerie ! elles en ont plein la bouche.

Modes surannées, tourtes depuis les pieds jusqu'à la tête, communes de hanche, corset tri-

paillant, bijouterie en toc, coudes ou menaçant
ou saucissonant, elles déparent une fête dans ces
pays. Mais elles sont blanches, et leur ventre
bedonne.

Toute élégante, la population qui n'est pas
blanche. Monsieur le critique se trompe considérablement quand il dit avec dédain... des Négresses... à moins que ce soit moi qui me sois
trompé, les décrivant, les dessinant aussi.

L'un dit : « Ce sont des Papoues ; » l'autre :
« Ce sont des négresses. » Voilà de quoi sérieusement me donner des doutes sur ma valeur ar-
tistique. Loti ! à la bonne heure ; c'est charmant.

Rétablissons un instant dans mon sens la désignation de cette race et nommons-la la race
Maorie, quitte à un autre, plus tard, plus ou moins
photographe, à la décrire et la peindre avec un
art plus civilisé et plus vrai.

Je dis bien, toute élégante. Toute femme fait
sa robe, tresse son chapeau, et lui met des rubans
à en remontrer à n'importe quelle modiste de Paris,
arrange des bouquets avec autant de goût que sur
le boulevard de la Madeleine. Leur joli corps sans
contrainte sous la chemise de dentelle et de mous-
seline, ondule gracieusement. Des manches, sortent des mains essentiellement aristocratiques : en
revanche les pieds larges et solides, sans bottine,
nous offusquent quelque temps seulement, car
plus tard ce serait la bottine qui nous offusquerait.

Autre chose aussi aux Marquises qui révolte quelques bégueules c'est que toutes ces jeunes filles fument la pipe, sans doute. le *calumet*, pour ceux qui voient dans tout la sauvagerie.

Quoi qu'il en soit, envers et contre tout, le voulant même, la femme Maorie ne saurait être fagotée et ridicule, c'est qu'il y a en elle ce sens du beau décoratif que j'admire dans l'art marquisien après l'avoir étudié. Puis ne serait-ce que cela ? n'est-ce donc rien qu'une jolie bouche qui, au sourire, laisse voir d'aussi belles dents. Cela des négresses ! allons donc.

Et ce joli sein au bouton rosé si rebelle au corset. Ce qui distingue la femme Maorie d'entre toutes les femmes et qui souvent la fait confondre avec l'homme, ce sont les proportions du corps. Une Diane chasseresse qui aurait les épaules larges et le bassin étroit.

Si maigre que soit le bras d'une femme il est toujours d'une ossature peu visible, et souple, et joli de lignes. Avez-vous remarqué dans un bal les jeunes filles de l'Occident. gantées jusqu'au coude : bras maigres, coudés, archicoudés, vilains en somme, ayant l'avant-bras plus fort que l'arrière bras.

J'ai dit intentionnellement les femmes d'Occident, car le bras de la Maorie est le même que celui de toutes les femmes d'Orient : plus fort cependant.

Avez-vous remarqué aussi, au théâtre, les jambes des figurantes. Ces cuisses énormes (les cuisses seulement), le genou énorme et en dedans. Cela tient probablement à un écartement exagéré de l'emmanchement du fémur.

Tandis que chez la femme d'Orient, et surtout chez la Maorie la jambe depuis la hanche jusqu'au pied donne une jolie ligne droite. La cuisse est très forte, mais non dans la largeur, ce qui la rend très ronde et évite cet écart qui a fait donner pour quelques-unes dans nos pays la comparaison avec une paire de pincettes.

Leur peau est d'un jaune doré, c'est entendu et c'est vilain pour quelques-uns, mais tout le reste, surtout quand il est nu, est-ce donc si vilain que cela ; et ça *se donne* pour presque rien.

Une chose cependant m'ennuie aux Marquises c'est ce goût exagéré pour les parfums ; car c'est alors que le marchand leur vend une parfumerie épouvantable de musc et de patchouli. Réunis dans une église, tous ces parfums deviennent insupportables. Mais là encore, la faute en est aux Européens.

Quant à l'eau de Lavande vous ne la sentirez pas parce que l'indigène, à qui il est défendu de vendre une goutte d'alcool, la boit aussitôt qu'il peut mettre la main dessus.

Revenons à l'art marquisien. Cet art a disparu grâce aux missionnaires. Les missionnaires ont considéré que de sculpter, décorer, c'était le fétichisme, c'était offenser le Dieu des chrétiens.

Tout est là, et les malheureux se sont soumis.

La nouvelle génération, depuis le berceau chante en un français incompréhensible les cantiques, récite le catéchisme et puis encore...

Rien. Vous m'entendez bien.

Si une jeune fille ayant cueilli des fleurs fait artistement une jolie couronne et la met sur sa tête, Monseigneur se fâche !

Bientôt le Marquisien sera incapable de monter à un cocotier, incapable d'aller dans la montagne chercher les bananes sauvages qui peuvent le nourrir. L'enfant retenu à l'école, privé d'exercices corporels, le corps (histoire de décence), toujours vêtu, devient délicat, incapable de supporter la nuit dans la montagne. Ils commencent à porter tous des souliers, et leurs pieds, désormais fragiles, ne pourront courir dans les rudes sentiers, traverser les torrents sur des cailloux.

Aussi nous assistons à ce triste spectacle qui est l'extinction de la race en grande partie poitrinaire, les reins inféconds et les ovaires détruits par le mercure.

Voyant cela, je suis amené à penser, rêver plutôt ; à ce moment où tout était absorbé, endormi, anéanti dans le sommeil du premier âge, en germes.

Principes invisibles, indéterminés, inobserva-

bles alors, tous par l'inertie première de leur vir-
tualité, sans un acte perceptible ou percevant,
sans réalité active ou passive, sans cohésion par
là même n'offraient évidemment qu'un caractère, celui de la nature entière sans vie, sans expression, dissoute, réduite à rien, engloutie dans
l'immensité de l'espace, qui sans forme aucune
et comme vide et pénétrée par la nuit et le silence
dans toutes ses profondeurs devait être comme un
abîme sans nom. C'était le chaos, le néant pri-
mordial, non de *l'Être*, mais de la Vie, qu'après
on appelle l'empire de la Mort, quand la vie qui
s'en était produite y revient.

Et mon rêve avec la hardiesse de l'inconscience
tranche bien des questions que ma compréhension
n'ose aborder. Soudainement je suis sur la terre
et au milieu d'animaux étranges ; je vois des êtres
qui pourraient bien être des hommes, mais que
peu ils nous ressemblent. Sans crainte je m'en
approche : vaguement, sans étonnement ils me
regardent. Un singe à côté semblerait de beaucoup supérieur.

Et tirant une pièce de monnaie de ma poche
je la présente à l'un d'eux. C'est tout ce que j'ai
trouvé de plus intelligent à ce moment. Il s'en
empare, la porte à sa bouche, puis, sans colère,
il la rejette. A-t-il pensé, je n'ose l'espérer.

Par moments quelques sons rauques sortent de
sa gorge comme d'une caverne.

Et dans mon rêve, un ange aux ailes blanches vient à moi souriant. Derrière lui un vieillard tenant dans sa main un sablier.

« Inutile de m'interroger, me dit-il, je connais ta pensée. Apprends que ces êtres sont des hommes comme tu étais autrefois lorsque Dieu a commencé à te créer. Demande au vieillard de te conduire à l'infini plus tard et tu verras ce que Dieu veut faire de toi et tu trouveras qu'aujourd'hui tu es singulièrement inachevé. Que serait l'œuvre du créateur si elle était d'un jour ; Dieu ne se repose jamais. »

Le vieillard disparut, et réveillé, levant les yeux au ciel, j'aperçus l'ange aux ailes blanches qui montait vers les étoiles. Sa longue chevelure blonde laissait dans le firmament comme une traînée de lumière.

*
* *

Laissez-moi vous faire part d'un cliché qui existe ici et qui a le don de m'énerver.

Les Maoris viennent de la Malaisie.

Sur les bateaux qui circulent dans l'océan Pacifique, et à leur débarquement à Tahiti, les fonctionnaires toujours instruits vous disent : « Monsieur, les Maoris sont d'exportation malaise. — Mais pourquoi ? » vous écriez-vous !

Il n'y a pas de pourquoi. C'est le cliché, vu, revu et corrigé par tous les photographes.

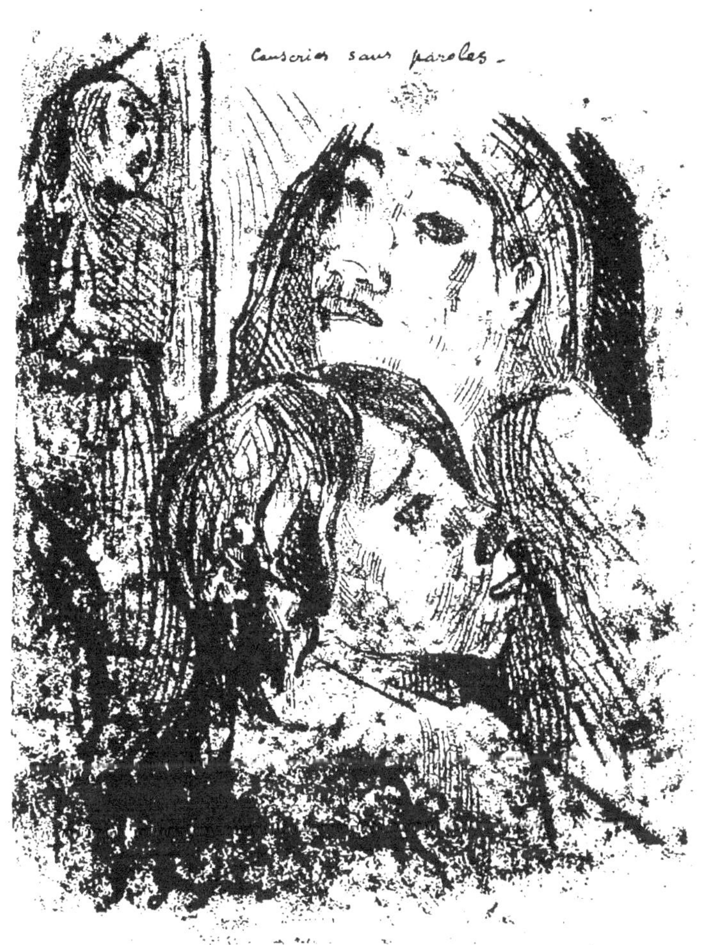

Causeries sans paroles.

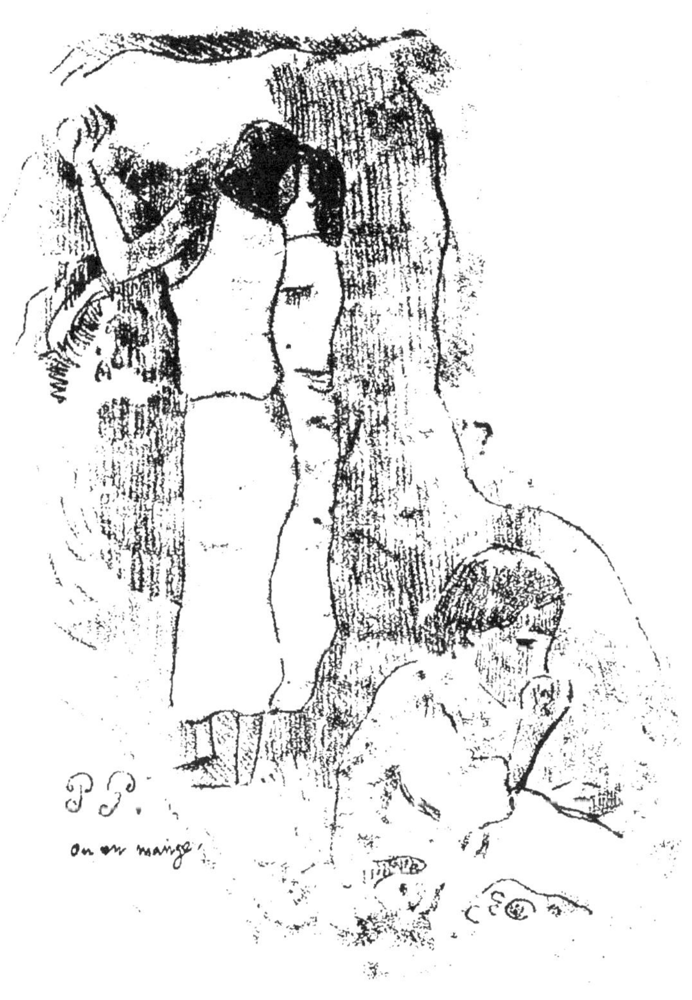

N'essayez pas, vous peintre observateur, de vous rebiffer, on vous écrasera.

Ou si l'on ne connaît pas le cliché, l'un dira : « Ce sont des Papoues », et l'autre : « Ce sont des nègres. »

A quelle époque a eu lieu le déluge ? Seule la Bible a osé l'affirmer.

Des plus hautes montagnes les eaux se sont retirées, notre belle France est sortie de la mer.

Les eaux de l'autre côté ont envahi l'Océanie. Qu'importe! Seule la Malaisie a fourni des hommes. L'ancienne terre océanienne, fabriquer des hommes. Fi donc !

A quelle époque les hommes ont-ils commencé à exister sur notre globe ? Qu'importe, puisque je vous dis que seule la Malaisie...

A quelle époque la pensée dégagée de son animalité a-t-elle eu quelques éléments rudimentaires et par suite fait un commencement de langage dont les premiers sons rudes sortis du gosier ont fourni les premiers éléments ?

Réflexion faisant n'y aurait-il pas lieu de supposer que le premier mode de penser ainsi que celui du langage ont été les mêmes, à peu près les mêmes.

Rien d'extraordinaire alors à ce que tous les serins sur cette terre chantent tous l'air des *Noces de Jeannette*. Rien d'extraordinaire que même plus tard, beaucoup plus tard, on retrouve aussi bien en Malaisie qu'en Océanie et en Afrique, etc., les

7

quelques mots génériques que selon le gosier l'être primitif a pu prononcer, de même le mode de penser.

Ce qu'il voit, ce qu'il touche, ce qu'il sent sont d'abord, avant tout et pour tout, ce que l'homme a dû penser, le désir de prendre ensuite avec sa désignation du moi, et le moyen de prendre qui est la main.

De là ce mot *rima* ou *lima* qui veut dire main et qu'on retrouve dans presque toutes les langues, en Malaisie comme partout ailleurs, plus ou moins transformé comme prononciation. Le mot *rama* en latin n'y ressemble-t-il pas. De même pour le chiffre 5 qui représente une main et 10, deux mains. De tous temps connus les sauvages se sont servis de la brasse comme mesure, du pied aussi.

Comme dans *la Lettre volée* d'Edgard Poë, notre esprit moderne ne peut voir ce qui est trop simple et trop visible, perdu dans les détails d'analyse. Comme dans la Bible, l'esprit des hommes monte en haut et l'esprit des hommes descend en bas. Nous ne saurions voir si bas et, malgré toutes nos recherches, nous n'arrivons pas à percevoir le mode de penser des animaux quand, hirondelles par exemple, elles arrivent à revenir à leur endroit de naissance. Soit avec la voix, soit avec leur queue, les chiens expriment leurs sentiments.

Nous nous en tirons, il est vrai, avec un cliché qui est l'instinct.

Cette question de langue a été une des grandes causes qui ont fait adopter ce cliché. Malaisie-Maoris.

Vaut mieux ne pas savoir que de savoir à tort.

Et j'affirmerai que pour moi, les Maoris ne sont pas des Malais, des Papoues ou des Nègres.

*
* *

Quand vous arrivez aux Marquises, vous vous dites, voyant ces tatouages qui couvrent et le corps et la figure tout entière : ce sont de terribles gaillards. Et puis ils ont été anthropophages.

On se méprend complètement.

L'indigène marquisien n'est point un gaillard terrible ; c'est même au contraire un homme intelligent et tout à fait incapable de ruminer une méchanceté. Doux à en être bête et timoré envers tout ce qui commande. On dit qu'il a été anthropophage et l'on se figure que c'est fini: c'est une erreur. Il l'est toujours, sans férocité : il aime la chair humaine comme un Russe aime le caviar, comme un Cosaque aime la chandelle. Demandez à un vieillard endormi s'il aime la chair humaine et réveillé cette fois, l'œil brillant, il vous répond avec une douceur infinie : « Oh! que c'est bon. »

Naturellement il y a quelques exceptions, mais tellement exceptionnelles qu'elles inspirent à tous les autres une grande terreur.

— 89 —

A propos du vieux Père Orans qui est mort, il y a fort peu de temps, je me suis laissé raconter une histoire qui va peut-être vous intéresser. Le missionnaire, père Orans, jeune alors, s'en allait gaillardement sur le sentier vers un district où il avait affaire ; il fut suivi par quelques mauvais diables, les exceptions dont je viens de parler, qui décrétèrent que le missionnaire était tout à fait à point pour être mangé. Et ils se préparaient à exécuter leur dessein lorsque le Père Orans qui avait l'oreille fine se retourna subitement, et avec beaucoup de sang-froid leur demanda ce qu'ils désiraient. L'un d'eux intimidé comme tous demanda s'il avait des allumettes pour allumer sa pipe. Le missionnaire sortit de sa poche une grosse lentille et avec le bord de sa soutane il fit du feu. Étonnés de la puissance du Blanc, ils s'inclinèrent respectueusement, mais la lentille devint la propriété de l'indigène.

Une autre histoire, celle-là beaucoup plus récente.

Un jeune homme américain, séduit par les femmes probablement, débarqua de son navire et resta aux Marquises. Il était installé dans un district de Hivatroa et forcé par la nécessité essaye de faire un peu de commerce pour le compte des autres. Il eut un jour la malheureuse idée de revenir d'Atuana avec un sac de piastres visiblement attaché sur le pommeau de la selle. La nuit était proche : il disparut.

Les soupçons se portèrent immédicatement sur un Chinois, et comme en toutes choses le gendarme est un malin, il dit : c'est lui, et cela suffit. Ce n'est que 3 mois après, c'est-à-dire 3 courriers, que la justice revint à Papeete avec le Chinois et quelques témoins. Naturellement le Chinois fut acquitté d'emblée.

Ce mot *naturellement* demande une explication.

C'est d'ailleurs la règle aux Marquises quand il s'agit d'un crime. Le gendarme fait son instruction, la tête creuse et toujours à côté, quels que soient les avertissements des hommes intelligents d'alentour. Le juge d'instruction arrive longtemps après et son opinion devient aussitôt semblable à celle du gendarme. D'ailleurs, la mesure n'est pas commode aux Marquises.

Les indigènes ont pour règle de baser leur conduite sur la terreur que leur inspirent les méchants. Un seul qui ne se conformerait pas à la règle serait aussitôt condamné à mourir. Le crime commis, tout le monde le sait ; mais devant la justice, personne ne sait rien.

Les témoins embrouillent la question, leur langue toujours mal interprétée leur en donne toutes les facilités ; puis il sait avec une remarquable intelligence et un sang-froid imperturbable arranger toutes les contradictions. « Mais pourquoi as-tu dit une chose tout à l'heure et maintenant juste le contraire ?

— C'est que la justice me fait peur, et quand j'ai peur, je ne sais ce que je dis. »

Ils sont deux : ils s'accusent réciproquement, et chacun de répondre invariablement : « J'accuse mon voisin, parce que sinon le juge dira que c'est moi ! »

Je me souviens de cette naïveté d'un président du tribunal à Papeete.

— Interprète, dites à cet homme qu'à toutes mes questions il répond très intelligemment : c'est donc qu'il a songé à toutes mes questions avant de les avoir entendues.

R. — Cet homme dit qu'il ne comprend pas pourquoi on lui demande cela, et qu'il répond comme il peut.

Pour en revenir à notre Chinois il était clair pour quiconque réfléchit et connaît les habitudes des indigènes que ce Chinois ne pouvait commettre son crime seul et surtout faire disparaître le cadavre malgré la proximité de la mer. Un Chinois est trop intelligent pour cela, car il sait (Dieux maories président peut-être à tout ce qui se passe), que rien ne peut être fait sans que les indigènes le sachent et que par suite il serait immédiatement dénoncé, lui *étranger*.

Il était donc clair que ce Chinois avait des complices, d'autant plus que l'amant d'une de ses filles était connu parmi les exceptions méchantes et criminelles. Mais le brigadier de gendarmerie ne voulut rien écouter.

Voici ce qui s'était passé et d'après tous les renseignements qu'on m'a fournis à moi comme à tout le monde. Tous disent la même chose, sauf une. L'heure et l'endroit où le crime a été commis : il y a différentes versions à ce sujet, mais je soupçonne que ce sont des contradictions volontaires.

Aussitôt son arrivée dans le district près de sa case, le fameux sac de piastres fut aperçu et notre jeune Américain vigoureux et résolu, confiant comme en général la jeunesse, ne prit garde de le cacher

Notre jeune Américain aurait été tué par un vigoureux coup de bâton sur le cou, tout comme le ferait une guillotine.

Ils étaient deux, le Chinois et son gendre. Ceux-ci se seraient battus pour le partage des piastres.

Puis après, le gendre et deux autres indigènes se seraient livrés à leur gloutonnerie. L'Américain fut mangé.

Je passe bien des détails qui ne sont pas intéressants pour l'importance de ce récit.

Ici, le lecteur va me poser une question à laquelle je vais répondre immédiatement.

D. — Pourquoi, maintenant que tous ces faits sont connus, ne pas revenir à la charge en ce qui concerne tous les complices ?

R. — Parce qu'immédiatement le silence se ferait

et que tous ces racontars affirmés deviendraient de la fable inventée pour s'amuser du crédule Européen.

La langue indigène marquisienne est très peu riche, on le sait : par suite, l'indigène s'exerce à manier habilement la périphrase. Ainsi, par exemple, les gendarmes se présentent en quête de renseignements, et très ostensiblement on continue à causer sans aucune gêne.

L'un dit : « Je crois que la lune sera très claire et que par suite on ne prendra pas du poisson. »

Cela veut dire : « Prenons garde et faisons l'obscurité : il faut se défier de la clarté de la lune. »

Les Européens n'y voient que du feu. Et verraient-ils que ce serait de *l'incertitude*.

★
★ ★

En Océanie une femme dit : « Je ne peux savoir si je l'aime puisque je n'ai pas encore couché avec lui. » La possession vaut titre.

En Europe, la femme dit : « Je l'aimais, depuis que j'ai couché avec lui, je ne l'aime plus. » Une autre encore dit : « Je ne l'aime que quand il est là. »

Même dix minutes avant le mariage une femme ne sait se donner : vous pouvez être sûr qu'elle se vend.

Mais elle n'a pas confiance. C'est alors à votre tour de ne plus avoir confiance.

Une femme riche se fait faire un enfant par son
domestique. Encore un qui abandonne son enfant. Pauvre femme ! Tant que ça. Et le domestique dit qu'il a été abandonné.

Une femme un peu folle dit qu'elle ne veut pas
se marier désirant avoir un enfant pour elle seule.
Égoïsme d'amour maternel.

C'est très facile de dire : ceci est à moi, mais qu'il
en coûte de dire : c'est à vous.

D. — Comment ? Vous avez-vu quelqu'un se
noyer et vous ne lui avez pas porté secours.

R. — Mais il ne me l'a pas demandé.

Les maximes ! ce n'est pas pratique, c'est fait pour
jaser et faire dire : « Tiens... voilà un philosophe ! »

Savoir donner, c'est très bien.

Savoir recevoir, c'est encore mieux.

Ah ! la vanité de l'argent...

Avoir de la volonté, c'est vouloir en avoir.

On dit : le fils à papa... Les enfants ne sont pas
responsables des fautes de leur père. J'ai pas
le sou... c'est la faute à mon père.

Et le chanson dit : « Si mon père est cocu, c'est
que ma mère l'a bien voulu... »

Il y a de ces dit-on de morale qui évitent d'en
avoir. Laissez-moi vous raconter un instant quelque chose de Bretagne. D'Océanie en Bretagne il
n'y a pas loin quand on est tranquille la plume à
la main : imagination qui vagabonde... Pourquoi pas ? Du reste rien n'arrive par hasard.

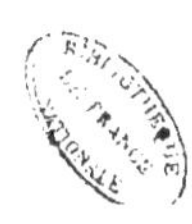

Un journal que je parcours me signale qu'il y a certains hommes avec Déroulède qui viennent de découvrir la vraie République, patriotique. Parmi ceux-là un certain nom qui me rappelle un triste personnage que nous avons connu à Pont-Aven, c'est d'ailleurs celui-là même Marcel H..

Très distingué, le monsieur, quand tapant sur les épaules de sa femme il nous disait : « Voilà de la belle viande. » C'était en effet de la viande, rien que de la viande.

Et son petit œil de porc humain ajoutait. « Cette viande est à moi, moi seul. »

Pendant la première semaine il allait régulièrement au-devant du coche qui faisait le courrier et demandait : « Il y a-t-il un colis pour moi ? »

Nous étions très intrigués et nous nous demandions : « Quel peut être ce colis ? »

Le fameux colis arriva.

Dès le lendemain on put voir notre Marcel H... installé dans la rivière qui coudoie la propriété du meunier David. Une grande toile devant lui sur le chevalet et plus loin sur un superbe caillou le fameux colis. Un grand cygne empaillé. Le monsieur faisait son tableau pour le Salon prochain (une Léda).

La belle viande qu'on connaît — mais sans tête — peinte à Paris. Il ne restait plus qu'à peindre le cygne.

Assise à côté de lui, mais avec tête et vêtements, la belle viande tricotait une paire de bas.

« Pour le blanc de cygne, disait-il, je n'emploie que le blanc de zinc, et pour la belle viande j'emploie la laque bitume. »

A la table d'hôte s'adressant à son voisin un peintre impressionniste, il disait : « Manet, voyez-vous, fait tous les jours une pochade, et quand il en trouve une qui lui convient il l'envoie au Salon. Et puis c'est fait de chic... »

Quand le mois de septembre arrivait, il disait : « Je suis obligé de rentrer à Paris, car c'est l'époque où arrive mon marchand qui fait l'exportation de tableaux pour les îles du Guano. »

*
* *

Croquis japonais, estampes d'Hokusaï, lithographies de Daumier, cruelles observations de Forain, groupés en un album, non par hasard, de par ma bonne volonté tout à fait intentionnée. J'y joins une photographie d'une peinture de Giotto. Parce que d'apparences différentes je veux en démontrer les liens de parenté.

Les conventions imposées par les critiques (ceux qui classent) ou par la foule ignorante, classeraient ces différentes manifestations d'art parmi les caricatures ou les choses d'art léger.

Les artistes ne font pas de caricatures. Suivant

le bœuf gras, un mousquetaire reste un chienlit.

Voltaire a écrit Candide. Daumier a modelé Robert Macaire.

Dans Sagesse, Gaspard ne me fait pas rire.

Louis Veuillot méprise. Forain aussi.

Chez ce guerrier d'Hokusaï, Saint-Michel de Raphaël se japonise, de lui encore un dessin. Michel-Ange se devine. Michel-Ange le grand caricaturiste ! Lui et Rembrandt se donnent la main.

Hokusaï dessine franchement.

Dessiner franchement, c'est ne pas mentir à soi-même.

De cette petite Exposition, Giotto est le morceau capital.

La Magdalena et sa compagnie arrivent à Marseille dans une barque, si toutefois une section de calebasse figure une barque. Les anges les précèdent, les ailes déployées. Aucune relation à établir entre ces personnages et la tour minuscule où entrent des hommes encore plus minuscules.

D'apparence taillés dans du bois, ces personnages dans la barque sont immenses ou bien légers puisque la barque ne sombre pas, tandis qu'au premier plan une figure drapée, beaucoup plus petite, se tient invraisemblablement sur un rocher, on ne sait par quelle prodigieuse loi d'équilibre.

Devant cette toile, j'ai vu Lui, toujours Lui,

l'homme moderne qui raisonne ses émotions comme
les lois de la Nature, sourire de ce sourire d'homme
satisfait et me dire : « Vous comprenez cela ! »

Certainement, en ce tableau, les lois de beauté
ne résident pas en des vérités de la nature ; cher-
chons ailleurs.

Dans cette merveilleuse toile on ne peut nier
une immense fécondité de conception. Qu'importe ! si la conception est naturelle ou invraisem-
blable. J'y vois une tendresse, un amour tout à
fait divins.

Et je voudrais passer ma vie en si honnête compagnie.

Giotto avait des enfants très laids. Quelqu'un
lui ayant demandé pourquoi il faisait de si jolis
visages dans ses tableaux, et en nature de si
vilains enfants, il répondit : « Mes enfants : c'est
le travail de nuit... et mes tableaux, travail de
jour. » Giotto connaissait-il les lois de perspective ?
je ne veux pas le savoir. Ses procédés d'éclosion
ne sont pas à nous, mais à lui; estimons-nous heureux de pouvoir jouir de ses œuvres.

Avec les maîtres je cause, leur exemple fortifie.
En tentation de péché je rougis devant eux.

Trois caricaturistes :

Gavarni élégamment plaisante ;
Daumier sculpte l'ironie ;
Forain distille la vengeance.

Trois genres d'amour. — L'amour moral, l'amour physique, l'amour manuel. Moralité, Débauche, Prudence.

A un homme qui n'a pas réussi on dit : « Vous vous êtes trompé. »

A celui qui n'a pas gagné à la loterie : « Vous n'avez pas de chance. »

A vingt ans deux choses sont bien difficiles à faire. Choisir une carrière, choisir une femme. Toutes les carrières sont bonnes, mais on ne peut pas dire : « Toutes les femmes sont bonnes. »

★
★ ★

Anomalies. — De tous les animaux, l'homme est certainement celui qui a le moins de logique, celui qui sait le moins ce qu'il veut et aussi celui qui commet le plus d'extravagances. A quoi cela tient si ce n'est qu'il sait mieux raisonner. Cela donnerait beaucoup à réfléchir sur l'importance du raisonnement et de l'instruction.

Sans être un Buffon on saurait cependant observer un tant soit peu. Tous les jours à l'heure du repas, pas mal de chats s'invitent à ma table et je leur fais honneur régulièrement avec abondance de riz à la sauce.

Tous sont à peu près sauvages. Ils veulent leur pitance, sans caresse, du regard seulement. Une chatte cependant, la seule civilisée, à tel point que je ne saurais aller sur la route sans qu'elle suive à mes côtés, est féroce en tous points, égoïste, jalouse.

La seule qui grogne en mangeant et tous la craignent même les mâles, à moins que pour l'un d'eux elle ait un caprice. Mais alors, elle mord, elle griffe et le mâle subit les coups s'inclinant devant celle qui porte si bien les culottes. Tous les animaux savants deviennent stupides sachant à peine trouver d'eux-mêmes leur nourriture, incapables de chercher les médicaments qui guérissent. Les chiens finissent par avoir de mauvaises digestions, font des incongruités, le sachant, mais ne se doutant pas qu'ils sentent mauvais.

Les hommes ont à se plaindre et l'on décrète de faire une pétition. Le plus courageux rédige, mais quand il s'agit de trouver des signatures, les moineaux s'envolent. La foule est reunie, le plus imbécile de tous se mouche par trop extraordinairement et la foule au même instant sans invite aux signatures, tous sans hésiter, se met en mouvement et assassine. Les braves ont marché bravement devant la mitraille, puis un repos dans le camp, la sentinelle de garde se met à péter criant : « Les Prussiens ! » Ces mêmes braves foutent le camp jusqu'à ce que l'aide de camp, arrivant au galop, leur crie : « C'est rien, mes amis, c'est un fusil qui a permuté. »

Je me trouvais en rade de Rio-de-Janeiro. J'étais pilotin. Chaleur extrême, tout le monde couchait sur le pont. Qui derrière, qui devant. Le mousse endormi, rêva trop brusquement, brusquement aussi il tomba dans l'eau. « Un homme à la mer ! » et tout le monde réveillé regardait imbécilement le mousse entraîné par le courant qui défilait le long du navire vers l'arrière. Un matelot nègre s'écria : « Lui foute, qué tonnerre, il va se noyé. » Sans raisonnement le terre-neuve se jeta à la mer et conduisit le petit mousse à l'échelle de l'arrière.

Hier c'était le Congrès en faveur de la paix ; on connaît le résultat. Que demain cent mille Français animés d'un je ne sais quoi, et entraînés par un imbécile quelconque qui ne serait pas Déroulède, refusent le service militaire et tout le monde suivra l'exemple.

Deux locomobiles suivent le 0 degré de longitude, mais en sens inverse. Que va-t-il se passer, et le choc sera-t-il terrible ?

Je ne le pense ! Faute de charbon elles ne se rencontreront pas.

C'est cela en ce moment. Les deux machines sont en route vers l'Avenir (roman de Zola). Faute d'argent, sans Congrès, la guerre sera terminée. Ce sera la paix. A force de raisonner, les engins de guerre devenus beaucoup trop chers, le charbon manquera. Ce sera le moment de réunir de nou-

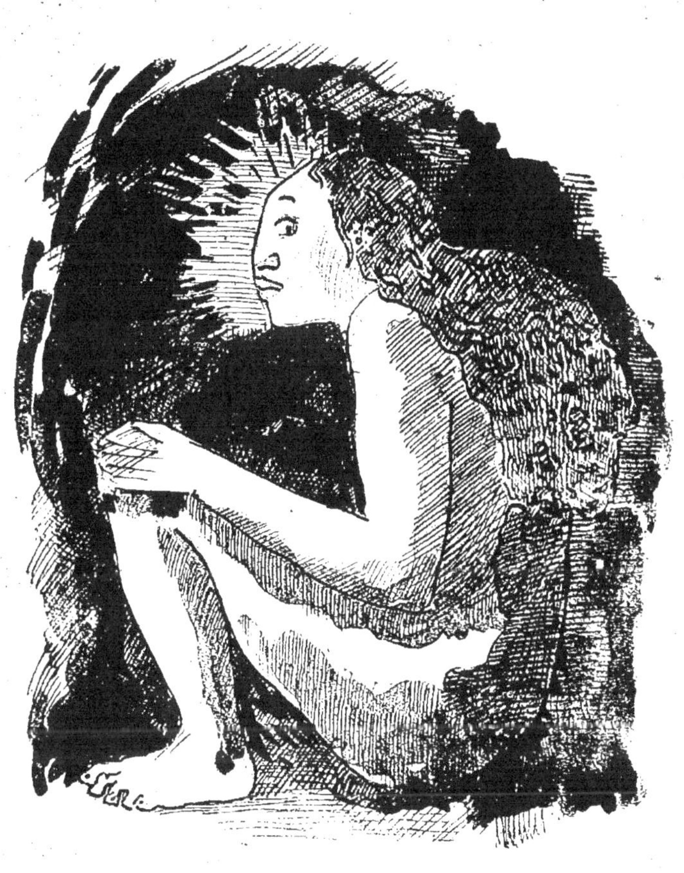

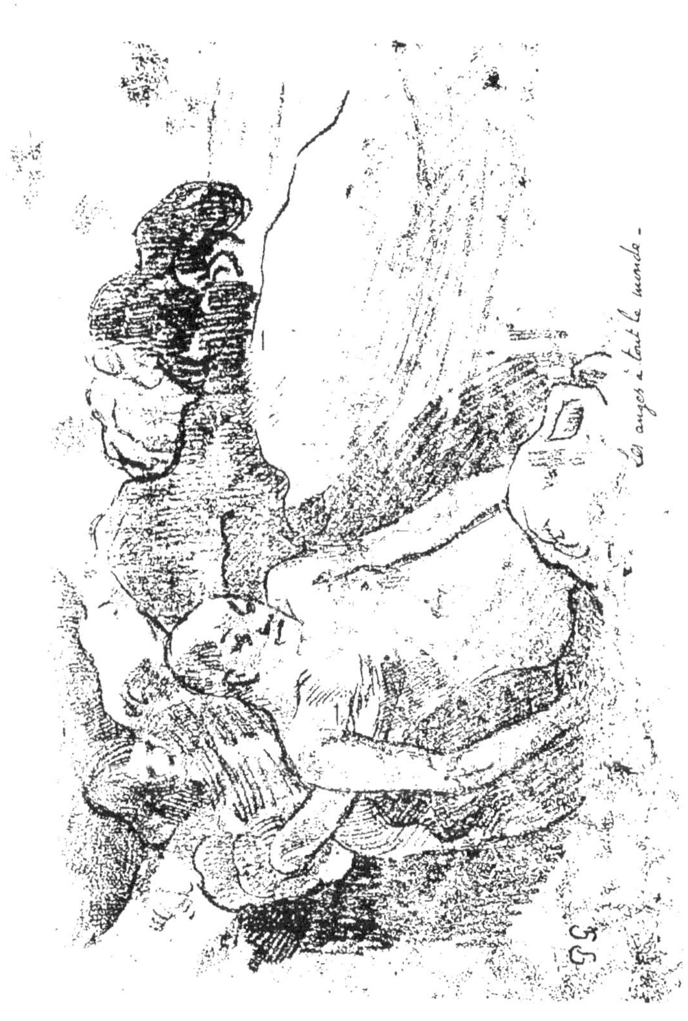

Les anges à tout le monde -

veaux Congrès pour rétablir la guerre à bon marché. Que deviendront tous ces hommes de devoir pénétrés de l'honneur militaire ; que deviendront ces fameuses consciences élastiques selon qu'elles sont juives ou chrétiennes. Que deviendront les panaches, les médailles ; que deviendront les fournitures de l'armée, toutes les retraites (pâtée du fonctionnaire).

Non, cela ne sera pas, car le monde qui raisonne se révoltera.

Les mathématiques, c'est fatalement juste. Que serait-ce si ce n'était pas fatalement ? Le colonel n'est pas de cet avis, car il dit que de sa maison à celle de son soldat, il y a beaucoup, beaucoup plus loin que de la maison de son soldat à la sienne.

Quelqu'un parlant d'une réunion dit : « Ils étaient là vingt imbéciles. » Un fumiste ajoute : « vous compris ! »

Oh ! Non. Sans nous comprendre. Question de mathématiques. Combien il y avait-il d'imbéciles dans cette réunion ?

Je voudrais donc vous demander si ayant appris le calcul nous sommes si fatalement juste. Justes au pluriel n'aurait pas le même sens. D'ailleurs je n'aime pas les jeux de mots, ne sachant pas les faire.

J'avais remarqué, sans toutefois bien m'expliquer la raison, qu'en général les ânes avaient beaucoup de succès près des femmes. Ce n'est que très longtemps après je lus une traduction de : *la*

8

Luciade et l'âne, et je compris alors les raisons sérieuses qui animent le beau sexe.

Citons ce passage : « C'était bien la peine de changer pour te réduire en ce point, et le beau profit pour moi d'avoir un pareil magot au lieu de ce tant plaisant et caressant animal. »

La Bible a raison. La chair est chair, l'esprit est esprit. C'est ce que le docteur Faust comprit un peu tard, disant : « Fi donc, l'esprit ! et laissons là tous ces travaux inutiles. Monseigneur le diable, venez à mon aide. » Et le diable en fit un âne chargé, de trésors, il est vrai. C'est que Faust voulait une pucelle. Or les pucelles sont des âmes pures et ne changent pas facilement leurs trésors de candeur sans de vrais trésors.

Très observateur, Monseigneur le diable.

Prenez garde aux âmes pures, et si vous faites quelqu'un cocu ne surveillez pas le mari, mais votre escarcelle.

Il s'agit de déboucher une bouteille qui fait son étroite.

Sans y parvenir chacun exerce ses forces préparant la besogne, le dernier, un malin, sans effort débouche la bouteille.

Intentionnellement, plutôt par traîtrise que par instinct, par-ci par-là, je gauloise. C'est que je veux interdire la lecture de ce recueil aux bégueules. Ces insupportables bégueules qui ne savent s'habiller qu'avec une livrée.

« Tu comprends, mon ami, que je ne puis aller avec ma femme légitime à tes réceptions où il y a ta maîtresse. »

Quand Madame est là (c'est une femme honnête, puisque mariée), personne ne grivoise. La soirée finie, tout le monde rentré chez soi, Madame la femme honnête qui a bâillé toute la soirée, cesse de bâiller et dit à son mari : « Si nous disions des cochonneries avant d'en faire. » Et le mari de dire : « Disons des cochonneries *seulement* (car ce soir j'ai trop mangé). »

Une jeune femme célibataire qui a passé brillamment son doctorat en médecine n'ose être spécialiste pour les maladies secrètes et dit, en rougissant : le machin.

A propos du machin, aujourd'hui que c'est la mode d'envoyer les jeunes filles pures étudier la peinture dans les ateliers en même temps que les hommes, il est à remarquer que toutes ces vierges dessinant le modèle mâle tout à fait nu font avec beaucoup de soin le machin plus ressemblant que la figure. Sorties de l'atelier, ces jeunes vierges, étrangères pour la plupart, toujours respectables, l'œil pudique légèrement baissé, le regard entre les cils, vont se soulager à Lesbos.

Curieuse anomalie...

Je me souviens de l'une d'elles, très jolie Écossaise. Elle venait manger à une petite crémerie fréquentée par des artistes. Survint un beau jour

une jeune Belge très fadasse, dont le corset très
plat semblait une cuirasse. Notre Écossaise vint
se placer à côté d'elle et avec beaucoup de minau-
derie l'interrogea sur son arrivée à Paris, sur ce
qu'elle comptait faire ; si l'on aurait le plaisir de
la voir à l'atelier. Et l'œil très enflammé, les pom-
mettes rosées, elle ajouta : « Venez chez moi ! »
Sèchement la Belge cuirassée répondit : « Je vous
remercie. » Ce que la fameuse Minna en a rigolé ! ! !

Le grand savant, le fameux misogyne, trem-
blait devant elle. Ce qu'il y a de misogynes qui
sont misogynes pour trop aimer les femmes et
trembler devant elles...

Moi aussi j'aime les femmes, comme on sait,
quand elles sont grosses et qu'elles sont vicieuses ;
mais je ne suis pas misogyne et je ne tremble pas
devant elles. Je crains cependant en pareil cas
de ne pas avoir un penny en poche. Et que m'importe celle-là plus qu'une autre. Malheureusement, c'est moi et non les femmes qui dis : « il
n'y a pas mèche. » Tant que le cerveau reste fort,
qu'importe le machin.

*
* *

Lettre de Paul-Louis Courier :

« Vous devriez songer, Madame, à ce que je
vous ai dit hier, et vous souvenir un peu de moi.
Je veux que la chose en elle-même vous soit indif-

férente ; mais le plaisir de faire plaisir, n'est-ce donc rien ? Entre nous, allons, j'y consens… Cela ne vous fait ni chaud ni froid, ni bien ni mal, plaisir ni peine ; belle raison pour dire non, quand on vous en prie. Fi ! n'avez-vous point de honte de vous faire demander deux fois des choses qui coûtent si peu, comme disait Gaussin, et pour lesquelles, après tout, vous n'avez aucune répugnance ? »

Une autre lettre, *un passage seulement* :

. . . .

« Sans m'apercevoir elle ouvrit, et moi, en deux pas et un saut me voilà entré avec elle : grand débat, scène de théâtre : elle veut me chasser ; je reste, elle se désolait, je riais :

Piause, prego, ma in vano ogni parola sparse.

Salvat pouvait venir, il venait même ; c'était l'heure, le danger augmentait à chaque instant. Je lui dis, sans finesse et sans fleur de langage, le prix que je mettais à ma retraite. *Dunque fa presto*, dit-elle ; je fis *presto* et je partis. J'en pourrais prendre désormais avec elle tant que j'en voudrais, car elle est à ma discrétion, ou bien lui faire quelque noirceur, et vous autres vauriens vous n'y manqueriez pas. Mais vous savez que je ne me pique pas de vous imiter : je la vois, je lui parle tout comme auparavant : même ton, mêmes manières, etc… »

Fi donc ! monsieur Courier : j'aime mieux l'autre lettre.

Moi, si une femme me dit : « Fais vite » ou me demande cent sous de plus... Ça me la coupe.

*
* *

Catherine la grande, Catherine de Russie n'avait plus qu'un désir, elle aurait voulu qu'un simple soldat beau et fort soit assez amoureux et hardi pour oser pénétrer dans son appartement, et la violer.

Ce que voyant, l'amant, le grand favori, alla trouver le plus beau de l'armée et lui dit : « Voici une petite clef qui t'ouvrira la porte de l'appartement de Catherine. Va et viole avec force et rudesse. Si tu le fais, tu seras récompensé : si tu ne le fais pas tu auras cent coups de knout. »

Catherine eut une jouissance extrême.

Un beau jour le favori avoua sa supercherie. Il fut tué, ordre de Catherine. Est-ce une anomalie et le favori ne fut-il pas cruellement stupide ?

L'auteur ajoute à son récit une réflexion.

Est-il vraiment permis d'appeler la grande une pareille femme.

Stupide l'auteur.

Je te crois qu'elle était grande ! A cause de cela même.

Les Chinois dans une redoute protégée par des grands bambous taillés en pointe.

Les assaillants, un bataillon français, ne s'attendaient pas à pareille résistance et ils furent obligés de reculer presqu'en panique. Seul, le porte-drapeau piqua son drapeau en terre et mourant de peur se cacha parmi les bambous.

Le bataillon reprit l'offensive : ce que voyant notre porte-drapeau toujours en tête fit son arrivée dans la redoute. Ce que voyant aussi le Gouvernement lui donna la croix, la fameuse croix. Ce que voyant aussi, tous dirent : « Celui-là, c'était un brave. »

Aux Invalides, les vaincus, les drapeaux glorifient le vainqueur à la tête de bois. C'est drôle; sur ce bois les cheveux blanchissent. Glorification des morts, glorification des vivants.

J'eus pour maître d'études le père Baudoin, grenadier survivant de Waterloo. Il culottait admirablement les Jean Nicot. Au dortoir la chemise levée, irrespectueusement nous disions : « Garde à vous ! Portez arme ! » Et le vieux, la larme à l'œil, se souvenait du grand Napoléon. Le grand Napoléon savait les faire mourir : il sut aussi les faire vivre. « Des soldats, disait le père Baudoin, il n'y en a plus. » A l'étude Lui c'était l'enfant et nous les hommes. L'un dit : « Je serai Mirabeau, »

et ce fut Gambetta ; moi je dis ; « Je serai Marat... »
Sait-on bien ce que l'on sera ?

A Taravas, le père Lucas dit à sa femme :
« Lillia, sois aimable avec le gouverneur quand il
arrivera ; notre congé en dépend. »

Et fièrement le missionnaire ravi dit : « C'est
nous qui avons marié le père Lucas. N'est pas maquereau qui veut. » Cette phrase a été prononcée
par Manet à.qui on reprochait d'avoir fait le portrait de Pertuiset. Dans toutes les branches il y
a des forts et des faibles.

*
* *

Depuis quelque temps trois navires baleiniers
naviguent dans nos eaux et la gendarmerie est
sur les dents. Pourquoi tout ce brouhaha, ces sour-
des colères. Des baleiniers !... Des baleiniers.

Mais enfin, que veut dire tout cela ? Les baleines
sont-elles porte-malheur, arrivent-elles avec le cho-
léra, ou bien encore la peste baleine qui dégénère
en peste humaine ? Toujours est-il que le gendarme me dit : « Monsieur..., les baleines c'est la
peste... »

Voyons voir, dit l'un, ou tâchons moyen de
savoir, dirait l'autre et l'un et l'autre racontent
une histoire. Moi je vais vous la raconter l'histoire... mais la vraie.

Or, en ce temps qui est de tous les temps, les

baleiniers ont pour habitude de ne pas emporter
de monnaie sachant très bien qu'en mer la monnaie
ça ne se mange pas et qu'à terre il y a des philosophes qui méprisent le vil métal.

C'est ainsi, imbus de ces fausses idées, qu'ils
arrivèrent aux Marquises, notamment à Tasata.
Ils comptaient faire leur provision d'eau et échan-
ger de la bimbeloterie et flanelles légères contre
bananes, bestiaux et autres provisions de bouche.

Que nenni ! descendre à terre des marchandises
qui n'ont pas payé l'octroi de mer ! mais les indigènes contents de livrer des productions de la
terre dont ils ne savent que faire contre des objets qui leur plaisent, se demandent vraiment si
nous leur voulons du bien ou du mal. Mais trois
ou quatre pelés et un tondu, marchands de morue
s'écrient : « Que c'est de la concurrence déloyale. »

Somme toute, le gendarme est essoufflé et le
navire nuitamment, de gauche et de droite, soulagé
de ses marchandises. Bien approvisionné, il repart.

L'île de Tasata se trouve enrichie de quelques
produits Européens. Où est le mal ? et pourquoi
tous ces cris ? Quand donc l'homme comprendra
ce que *Humanité veut dire !*

*
* *

Différents épisodes, maintes réflexions, certaines boutades, arrivent en ce recueil, venant

d'on ne sait où, convergent et s'éloignent ; jeu d'enfant, figures de kaléidoscope. Sérieux quelquefois, badin souvent au gré de la nature si frivole ; l'homme traîne, dit-on, son double avec lui. On se souvient de son enfance : se souvient-on de l'avenir ? Mémoire d'avant. Peut-être mémoire d'après, je ne saurais préciser. Dire: « Il fera beau demain. » N'est-ce pas se souvenir d'auparavant ; expériences qui déterminent une raison.

Je me souviens d'avoir vécu ; je me souviens aussi de ne pas avoir vécu. Pas plus tard que cette nuit j'ai rêvé que j'étais mort, et chose curieuse c'était le moment vrai où je vivais heureux.

Rêver réveillé, c'est à peu près la même chose que rêver endormi. Le rêve endormi est souvent plus hardi, quelquefois un peu plus logique.

Je veux en venir à ceci, que je vous ai dit déjà.

Ceci n'est pas un livre.

Et puis aussi, je crois que vous tous, vous êtes comme moi bien moins sérieux que vous voulez bien le dire, tout aussi pervertis, les uns plus intelligents, les autres moins.

On le sait bien, direz-vous ! Il est bon de le dire encore, sans cesse, toujours... Comme les inondations, la morale nous écrase, étouffe la liberté, en haine de fraternité.

Morale du cul, morale religieuse, morale patriotique, morale du soldat, du gendarme... Le devoir

en l'exercice de ses fonctions, le Code militaire,
dreyfusard ou non dreyfusard.

La morale de Drumont, de Déroulède.

La morale de l'instruction publique, de la censure.

La morale esthétique ; du critique assurément.

La morale de la magistrature, etc...

Mon recueil n'y changera rien, mais... ça soulage.

*
* *

20 janvier 1903.

Degas

Qui connaît Degas ? Personne, ce serait exagéré. Quelques-uns seulement. Je veux dire le connaître bien.

Même de nom, il est inconnu pour les millions de lecteurs des journaux quotidiens. Seuls, les peintres, beaucoup par crainte, le reste par respect admirent Degas. Le comprennent-ils bien ?

Degas est né... je ne sais, mais il y a si longtemps qu'il est vieux comme Mathusalem. Je dis Mathusalem parce que j'estime que Mathusalem à cent ans devait être comme un homme de 30 ans de notre époque.

En effet, Degas est toujours jeune.

Il respecte Ingres, ce qui fait qu'il se respecte lui-même. A le voir, son chapeau de soie sur la

— 113 —

tête, ses lunettes bleues sur les yeux, il a l'air d'un parfait notaire, d'un bourgeois du temps de Louis-Philippe, sans oublier le parapluie.

S'il y a un homme qui cherche peu à passer pour un artiste c'est bien celui-là ; il l'est tellement. Et puis il déteste toutes les livrées, même celle-là.

Il est très bon, mais spirituel il passe pour être rosse.

Méchant et rosse. Est-ce la même chose ?

Un jeune critique qui a la manie d'émettre une opinion, comme les Augures prononcent leurs sentences, a dit : « Degas, un bourru bienfaisant ! » Degas un bourru ! Lui qui dans la rue se tient comme un ambassadeur à la cour. Bienfaisant ! c'est bien trivial. Il est mieux que cela.

Degas avait autrefois une vieille bonne hollandaise, relique de famille, qui, malgré cela, ou peut-être, à cause de cela, était insupportable. Elle servait à table ; Monsieur ne causait pas. Les cloches de Notre-Dame de Lorette devenaient assourdissantes et elle de s'écrier : « C'est toujours pas pour votre Gambetta qu'elles sonneraient comme ça. »

Ah ! je vois ce que c'est. Bourru. Degas se défie de l'interview. Les peintres cherchent son approbation, lui demandent son appréciation et lui, le bourru, le rosse, pour éviter de dire ce qu'il pense, vous dit très aimablement : « Excusez-moi, mais je ne vois pas clair, mes yeux... »

En revanche, il n'attend pas que vous soyez

connu. Chez les jeunes, il devine, et lui le savant ne parle jamais d'un défaut de science. Il se dit (assurément plus tard il saura) et vous dit tel un papa comme à moi au début : « Vous avez le pied à l'étrier. »

Parmi les forts, personne ne le gêne.

Je me souviens aussi de Manet. Encore un que personne ne gênait. Il me dit autrefois ayant vu un tableau de moi (au début...) que c'était très bien, et moi de répondre avec du respect pour le maître : « Oh ! je ne suis qu'un amateur. » J'étais en ce temps employé d'agent de change et je n'étudiais l'art que la nuit et les jours de fête.

« Que non, dit Manet... Il n'y a d'amateurs que ceux qui font de la mauvaise peinture. » Cela me fut doux.

Pourquoi aujourd'hui me remémorant tout l'autrefois jusqu'à maintenant, suis-je obligé de voir (cela crève les yeux) presque tous ceux que j'ai connus, surtout les derniers jeunes que j'ai conseillés et soutenus *ne plus me connaître.*

Je ne veux pas comprendre.

Je ne peux pas cependant me dire en fausse modestie :

> Qu'as-tu fait, ô toi que voilà
>   Pleurant sans cesse,
> Dis, qu'as-tu fait, toi que voilà,
>   De ta jeunesse.
>
> Verlaine.

Car j'ai travaillé et bien employé ma vie ; intelligemment même, avec courage. Sans pleurer. Sans déchirer : j'avais cependant de très bonnes dents.

Degas dédaigne les théories d'art, nullement préoccupé de technique.

A ma dernière exposition chez Durand Ruel, *Œuvres de Tahiti*, 91, 92, deux jeunes gens bien intentionnés ne pouvaient s'expliquer ma peinture. Amis respectueux de Degas ils lui demandèrent, voulant être éclairés, son sentiment.

Avec ce bon sourire paternel, lui si jeune, il leur récita la fable du *Chien et du Loup*.

« Voyez-vous, Gauguin, c'est le loup. »

Voilà l'homme. Quel est le peintre ?

Un des premiers tableaux connus de Degas c'est un magasin de coton. Pourquoi le décrire : voyez-le plutôt, et surtout voyez-le bien et surtout ne venez pas nous dire : « Nul ne sut mieux peindre le coton. » Il ne s'agit pas de coton, pas même de cotonniers.

Lui-même le sut si bien qu'il passa. D'autres exercices, mais déjà les défauts s'affirmaient, imprimaient leur marque et on put voir que jeune il était un maître. Bourru déjà. Peu visibles les tendresses des cœurs intelligents.

Élevé dans un monde élégant, il osa s'extasier devant les magasins de modistes de la rue de la Paix, les jolies dentelles, ces fameux tours de main

de nos Parisiennes pour vous torcher un **chapeau**
extravagant. Les revoir aux Courses campés crânement sur des chignons et des pardessus ou pour
mieux dire à travers tout cela un bout de nez mutin
au possible.

Et s'en aller le soir pour se reposer de la journée à l'Opéra. Là, s'est dit Degas, tout est faux, la
lumière, les décors, les chignons des danseuses,
leur corset, leur sourire. Seuls vrais, les effets qui
en découlent, la carcasse, l'ossature humaine, la
mise en mouvement, arabesques de toutes sortes.
Que de force, de souplesse et de grâce, à un certain
moment le mâle intervient avec série d'entre-
chats, soutient la danseuse qui se pâme. Oui elle
se pâme, ne se pâme qu'à ce moment-là. Vous
tous qui cherchez à coucher avec une danseuse
n'espérez pas un seul instant qu'elle se pâmera
dans vos bras. C'est pas vrai : la danseuse ne se
pâme que sur la scène.

Les danseuses de Degas ne sont pas des femmes.
Ce sont des machines en mouvement avec de
gracieuses lignes prodigieuses d'équilibre. Arran-
gées comme un chapeau de la rue de la Paix avec
tout ce factice si joli. Les gazes légères aussi se
soulèvent et l'on ne songe pas à voir les dessous,
pas même un noir qui dépare le blanc.

Les bras sont trop longs à ce que dit le monsieur
qui le mètre à la main calcule si bien les proportions. Je le sais aussi, en tant que nature morte.

Les décors ne sont pas des paysages, ce sont des décors. De Nittis en a fait aussi et c'était beaucoup mieux.

Des chevaux de course, des jockeys, dans des paysages de Degas.

Très souvent des haridelles montées par des singes.

Dans tout cela il n'y a pas de motif : seulement la vie des lignes, des lignes, encore des lignes. Son style c'est lui.

Pourquoi signe-t-il. Nul n'en a moins besoin que lui.

En ces derniers temps, il fit beaucoup de nus.

Les critiques en général virent la femme. Degas voit la femme... Mais il ne s'agit pas de femmes pas plus qu'autrefois il ne s'agissait des danseuses ; tout au plus certaines phases de la vie connues par indiscrétion.

De quoi s'agit-il ? Le dessin était à terre. Il fallait le relever, et regardant ces nus, je m'écrie : « Maintenant il est debout. »

Chez l'homme, comme chez le peintre, tout est exemple. Degas est un des rares maîtres qui n'ayant qu'à se baisser pour en prendre, a dédaigné les palmes, les honneurs, la fortune, sans aigreur, sans jalousie. Il passe dans la foule si simplement! Sa vieille bonne hollandaise est morte, sinon elle dirait : « C'est toujours pas pour vous qu'on sonnerait les cloches comme ça. »

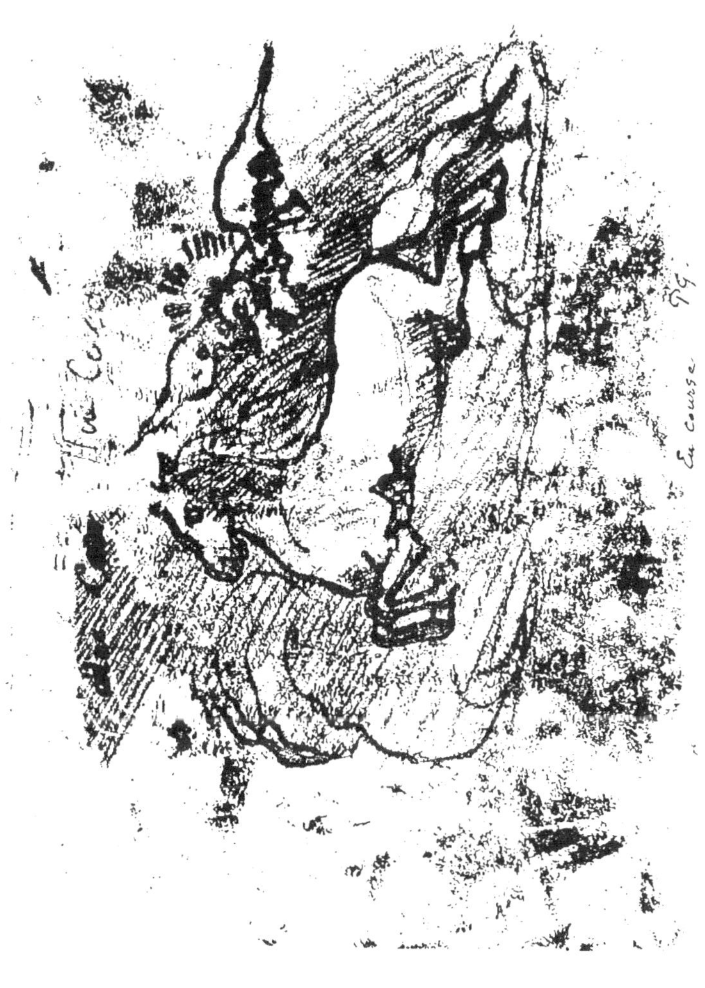
En course
95

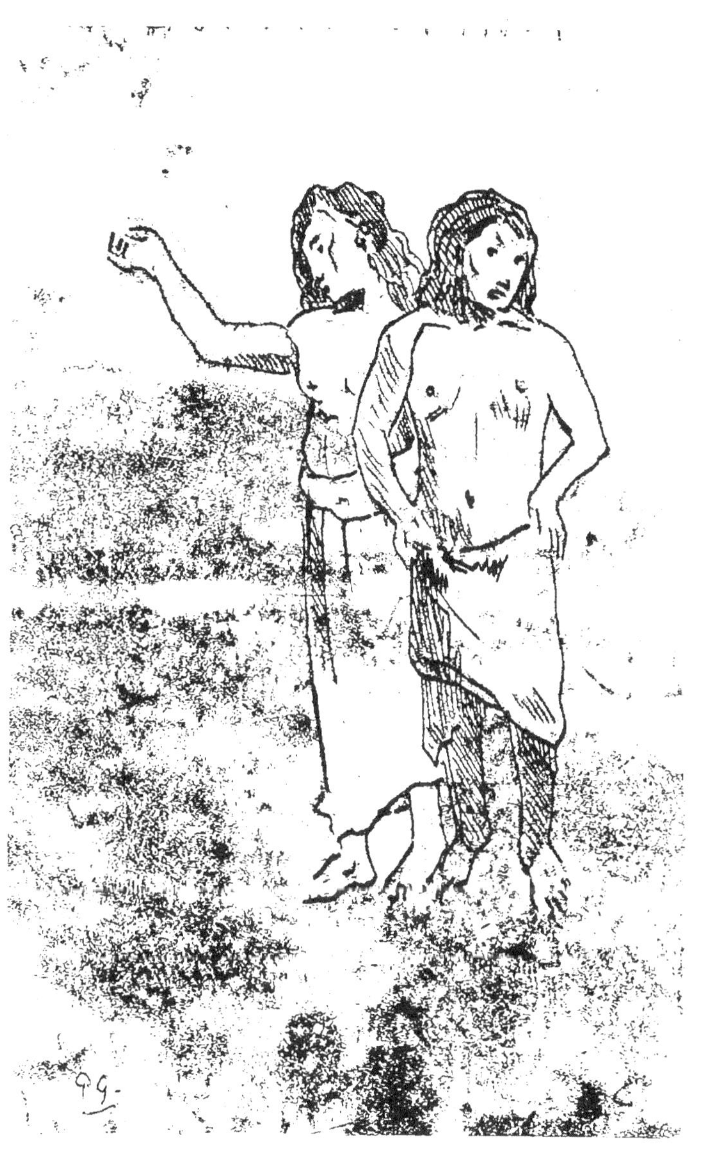

Un de ces peintres qui figurent comme tant d'autres aux Indépendants pour se dire indépendant dit à Degas :

« Voyons, monsieur Degas, est-ce que nous n'aurons pas le plaisir un jour de vous voir parmi nous aux Indépendants ? »

Degas a souri aimablement... et vous dites que c'est un *bourru !*

Dans la pièce d'Ibsen, *l'Ennemi du peuple*, la femme (seulement à la fin), devient à la hauteur de son mari. Aussi banale et intéressée, — si ce n'est plus, — que la foule durant toute son existence, elle a juste une minute qui fond toute la glace du Nord qui est en elle. Et elle va au pays où vivent les loups.

C'est peut-être très observé, quoique je le conteste étant, moi aussi, humainement de la partie. Il faut bien peu de chose pour faire tomber une femme, tandis qu'il faut soulever tout un monde pour la relever.

Je connais un autre ennemi du peuple dont la femme non seulement n'a pas suivi son mari, mais encore a si bien élevé les enfants qu'ils ne connaissent pas leur père ; que ce père toujours au pays des loups n'a jamais entendu murmurer à son oreille:... « Cher père. » A la mort s'il y a héritage ils se présenteront.

Suffit.

Quoi qu'il en soit, par cette fin le drame croule subitement. Une œuvre littéraire, un drame au théâtre, n'est pas œuvre de hasard soumis aux nécessités de convention et d'observation, pesée avec prudence au degré sentimental de vraisemblance.

Dans *Pot-Bouille* de Zola, Mme Josserand reste toujours Mme Josserand.

En cette matière je suis peu compétent, et sans contester en aucune façon le génie d'Ibsen je voudrais dire ceci que nous autres Français nous sommes peut-être aussi sérieux : moins lourds cependant.

Dans cette mythologie du Nord les vents me paraissent bien rudes et me mettent en quête d'un rayon de soleil.

Tous ces pasteurs, ces professeurs, ces jeunes filles, qui, pour sentimentales qu'elles soient, n'oublient pas cependant force repas, poissons fumés et jambons sans oublier le gibier ; tout ce monde-là nous arrive sur la scène française, comme de lourdes statues, solidement construites il est vrai, mais qu'un statuaire grec voudrait affiner.

Entre les mains d'un Rodin, je commencerais à les aimer. Ibsen les observe avec son œil. Il est bon qu'à notre tour nous les observions aussi, en crainte d'un envahissement protestant, de ces fiançailles au sens pratique où l'on joue avec le tout mais pas ça, de toute cette boueuse philosophie à cheval sur les convenances.

Dans la balance du Nord le cœur le plus vaste ne résiste pas contre une pièce de cent sous. Moi aussi j'ai observé le Nord, et ce que j'y ai trouvé de meilleur ce n'est pas assurément ma belle-mère mais le gibier qu'elle cuisinait si admirablement. Le poisson aussi est excellent. Avant le mariage tout est familial, mais après, gare dessous, tout est dissolvant.

A Copenhague une grande dame oublie dans un magasin son porte-monnaie marqué à son chiffre. Dans le porte-monnaie il y avait un préservatif en baudruche. Mais dans ma maison, dans une mansarde, un couple vivait en concubinage ; il fut bel et bien conduit en prison.

*
* *

A propos d'Ibsen, parlons du théâtre. Il y a là, il me semble, un futur cadavre qu'on ne peut sauver mais qu'on voudrait empailler pour le montrer à la foule, à distance, pour lui faire croire toujours à son existence.

Certainement l'art littéraire du théâtre demande droit à la vie et je le lui accorde grandement. Dieu merci, il y a encore des lecteurs. Mais des lecteurs

seulement. Je crois même que l'art du théâtre
dégagé du théâtre y gagnerait. Il y a là au théâtre
des exigences scéniques qui gênent l'auteur. Tout
d'abord le style gêne les acteurs et le public.

Sur la scène trois choses existent seulement,
les acteurs, le décor et l'intérêt ou l'amusement.
Là tout est truc, trompe-l'œil.

Quand une mère a perdu son enfant et le retrouve, ce ne sont pas les paroles qui précèdent
qui amènent la larme au coin de l'œil, pas même
ce cri : « Ciel! ma fille, » mais l'arrivée de la chère
petite qui dit : « Maman. »

Un Sardou et de bons acteurs, voilà tout ce qu'il
faut au théâtre.

Ne criez pas après Sardou, lui seul est dans le
vrai.

Par maints détours, trucs aussi, on veut prouver
le contraire.

L'éducation du public… un public éclairé, etc…

Dites un public-lecteur éclairé… vous serez dans
le vrai.

A la scène dans le théâtre de Labiche, le
bourgeois est un atroce bouffon ; à la lecture le
bourgeois est ma foi très respectable et très bon.
Il s'en dégage une certaine philosophie bonne et
aimable autant que familiale.

Mais dira-t-on à la scène l'acteur fortifie l'émotion, éclaire la situation. Un public éclairé a-t-il
besoin de cela ?

Et si l'auteur est vraiment grand, pourquoi demander à autrui, et qui nous dit quoique éclairés, que notre émotion ne vient pas uniquement de l'acteur et du décor.

Avouez plutôt que le théâtre est une grande source de fortune. Faites alors comme Sardou qui a eu le talent d'avoir du talent au théâtre. Le langage parlé est-il vraiment œuvre littéraire, et s'il l'est, n'est-il pas assommant d'invraisemblance et de pédantisme ? Jouez la pièce de théâtre de Remy de Gourmont, je n'ai mémoire du titre, pièce publiée dans *le Mercure*, et vous verrez si le vieux roi père n'est pas un déplorable gaga, les filles d'atroces goules et tous les combattants des chevaliers de mardi-gras. Et cependant à la lecture c'est bien autre chose.

Le directeur du théâtre de l'Œuvre nous dit avec juste raison : « Donnez-moi des bonnes pièces, mais qui soient jouables. »

Paul Fort qui a commencé ce théâtre, beaucoup trop artiste pour ne pas voir la mort prochaine du théâtre littéraire a abandonné la partie pour écrire d'admirables écrits qui ne sont pas jouables.

Je pourrais accumuler des exemples en plus grand nombre sans toutefois convaincre personne. Je le sais. Mais amoureux d'art littéraire à ma façon, je dis ici ma façon de penser.

Mon théâtre, à moi, c'est la vie : j'y trouve tout,

l'acteur et le décor, le noble et le trivial, les pleurs
et le rire.

En émotion souvent, d'auditeur je deviens acteur. On ne saurait croire comme dans la vie sauvage on change d'opinion et combien le théâtre
s'agrandit. Rien ne trouble mon jugement, pas
même le jugement des autres. Je regarde la scène
à mon heure, à moi, à moi seul, sans contrainte,
sans même une paire de gants.

J'ai écrit quelque part, et je ne m'en repens pas,
que lire à Paris ce n'était pas la même chose que
de lire dans les forêts.

A Paris on se presse. Au restaurant en mangeant
je ne saurais lire autre chose que le *Journal*. Poste
restante je lis les lettres séance tenante, quitte à
les relire après. En chemin de fer, sur les rapides,
je lis invariablement les *Trois Mousquetaires*. Je
lis le dictionnaire chez moi. En revanche je ne
lis jamais les livres dont j'ai lu une critique auparavant. Là, en ce qui me concerne, la réclame
se fout dedans.

Tout au plus si je goûterai la moutarde Bornibus
pour en avoir vu les affiches. Ici je vous mens
atrocement car je n'aime pas la moutarde, mais
un homme prévenu en vaut deux.

Ne vous avisez pas de lire Edgar Poë autrement que dans un endroit très rassurant. Quoique
très brave, ne l'étant guère (comme dit Verlaine),

il vous en cuirait. Et surtout, après n'essayez pas de vous endormir avec la vue d'un Odilon Redon.

Laissez-moi vous raconter une histoire vraie.

Ma femme et moi nous lisions tous deux devant la cheminée. Dehors il faisait froid. Ma femme lisait le *Chat noir* d'Edgar Poë et moi, *Bonheur dans le crime* de Barbey d'Aurevilly.

Le feu allait s'éteindre et dehors il faisait froid. Il fallut aller chercher du charbon. Ma femme descendit à la cave d'une petite maison que nous avait sous-louée le peintre Jobbé Duval.

Sur les marches, un chat noir bondit effrayé : ma femme aussi. Elle continua cependant son chemin après hésitation. Deux pelletées de charbon, lorsque se détacha du bloc de charbon une tête de mort. Transie de peur ma femme laissa le tout dans la cave et remonta au galop l'escalier, finalement s'évanouit dans la chambre. Je descendis à mon tour et voulant continuer à reprendre du charbon je mis à jour tout un squelette.

Le tout était un ancien squelette articulé servant au peintre Jobbé Duval qui l'avait jeté à la cave lorsqu'il fut tout démantibulé.

Comme vous le voyez, c'est d'une simplicité extrême ; mais cependant la concordance est bizarre. Défiez-vous d'Edgar Poë, et moi-même reprenant ma lecture, me souvenant du chat noir, je me pris à songer à cette panthère qui sert de prélude à cette extraordinaire histoire qui est :

Bonheur dans le crime, de Barbey d'Aurevilly.

Souvent aussi on retrouve dans une lecture semblable un même événement que celui que l'auteur raconte.

J'allais quelquefois aux mardis de cet admirable homme et poète qui se nommait Stéphane Mallarmé. Un de ces mardis on parla de la Commune, j'en parlai aussi.

Revenant de la Bourse quelque temps après les événements de la Commune, j'entrai au café Mazarin. A une table se trouvait un monsieur, air militaire, qui me rappelait sûrement un ancien camarade de collège et comme je le regardais par trop attentivement, il me dit hautainement, tirant sa moustache : « Est-ce que je vous dois quelque chose ? — Excusez-moi, lui ai-je dit, n'auriez-vous pas été à Lorial, je me nomme Paul Gauguin. » Et lui : « Je me nomme Denneboude. »

La reconnaissance fut faite aussitôt et mutuellement se raconter ce qu'on était devenu. Lui officier sorti de Saint-Cyr avait été fait prisonnier par les Prussiens et à l'entrée des troupes de Versailles à Paris il commandait un bataillon. Avec son bataillon, arrivant par les Champs-Élysées, place de la Concorde, puis remontant jusqu'à la gare Saint-Lazare, il rencontra une barricade, fit des prisonniers. Parmi ces prisonniers se trouvait un brave gamin de Paris d'environ 13 ans, pris le fusil à la main.

« Pardon, mon capitaine, s'écria le gamin, je voudrais avant de mourir aller dire adieu à ma pauvre grand'mère qui habite, là-haut, dans la mansarde que vous voyez là ; mais soyez tranquille ce ne sera pas long.

— Fous-moi le camp ! »

J'allai serrer la main de ce brave Denneboude, un camarade d'enfance : je ne le fis pourtant et il continua.

Nous remontâmes la rue jusqu'à la barrière Clichy, mais avant d'arriver, le gamin arrivait essoufflé s'écriant : « Me voilà, mon capitaine. »

Et moi, Gauguin, anxieux, de dire : « Qu'en as-tu fait ? — Eh bien ! dit-il, je l'ai fusillé. Tu comprends, mon devoir de soldat... »

De ce moment je crus comprendre ce qu'était cette fameuse conscience de soldat, et le garçon passant, sans mot dire, je payai les bocks, me sauvant *presto, illico,* le cœur en désordre.

Stéphane Mallarmé alla chercher un superbe volume de Victor Hugo et avec cette voix de magicien qu'il maniait si bien, il se mit à lire cette histoire que je viens de raconter : seulement, à la fin, Hugo, trop respectueux de l'humanité, ne fait pas fusiller le jeune héros.

J'étais confus en peur de passer pour un mystificateur. Heureusement qu'entre gens comme il faut, on se comprend. N'est-ce pas !

Rien que la reliure portant le nom de Lamartine me rappelle mon adorable mère qui ne perdait jamais une occasion de lire son Jocelyn.

Les livres ! que de souvenirs !

Le marquis de Sade, ça ne m'intéresse pas, je vous assure, mais grand Dieu, ce n'est point par vertu.

*
* *

Devant moi une photographie d'après un tableau de Degas.

Lignes de parquet se dirigeant au point d'horizon planté là-bas, très loin, très haut, ligne de danseuses les croisant, marche cadencée, maniérée, d'avance ordonnée. Leur regard étudié s'adresse au mâle du premier plan, au coin de gauche. Arlequin un poing sur la hanche, l'autre main tenant un masque. Il regarde aussi. Où est le symbole ; est-ce l'éternel Amour, les traditionnelles singeries qu'on appelle coquetteries ? Rien de tout cela. C'est de la chorégraphie.

Dessous : un portrait de Holbein, musée de Dresde. De toutes petites mains, des mains trop petites, sans os et sans muscles. Ces mains me chiffonnent et je dis : « Ces mains ne sont pas de Holbein. »

Une chose en amène une autre, ce qui me fait dire qu'autre chose me chiffonne : c'est l'expertise de tableaux entre les mains de gens qui en aucun cas ne peuvent être experts.

Ainsi toutes les ventes de tableaux à l'hôtel des Ventes sont faites par un Commissaire-priseur doublé d'un expert qui est un marchand. Il en est du marchand comme du critique (surtout du marchand) ; c'est-à-dire qu'il parle de ce qu'il ne connaît pas. Quelquefois le marchand a du flair au point de la hausse ou de la baisse, et encore, il ne voit que le moment, car dans l'avenir, il se fourre toujours le doigt dans l'œil : mais en ce qui concerne le vrai ou le faux tableau il n'en sait rien. Sait-il si c'est un bon ou un mauvais tableau ? Jamais. C'est ce qui fait d'ailleurs le malheur du peintre qui n'a pas un marchand capable de re-connaître son talent.

Ceci admis, et il faut l'admettre tellement c'est évident, que dire de ce titre : Expert ! ! ! expert qui s'impose et qu'il faut bel et bien payer.

*
* *

L'allégorie, le symbole, les attributs. En ce qui concerne les monuments de sculpture, en notre bonne ville de Paris, on patauge considérable-ment.

L'écrivain ne saurait se passer de son bouquin et de sa plume d'oie. A l'inventeur d'un clyso-pompe il faut un clysoir.

Si jamais on élève à Londres une statue à Wells, je réclame pour lui son rayon ardent.

Mais demain si l'on élève une statue à Dumont Santos, faudra-t-il sculpter un ballon. Par contre comment indiquera-t-on pour Pasteur la culture des microbes ?

Autre chose qui n'a l'air de rien et qui est quelque chose. C'est la glorification de toutes les allégories, agriculture, pisciculture, etc., à 50 mètres au-dessus du sol. Au Trocadéro tout le haut se trouve ainsi garni sans qu'on puisse dire : « Ce sont des chefs-d'œuvre ou des navets, » puis où est la signature ? Il est question de Mécénat ; c'est qu'il faut récompenser les artistes... admettons-le aussi, mais alors descendez-moi tout cela et ornez les galeries d'en bas. Mais voilà, voilà... il y aurait des artistes parmi ceux-là dont la réputation descendrait encore plus bas.

Il y a des gens qui se disent Espagnols et qui ne sont que de faux Espagnols...

A l'hôtel de ville, c'est la même chose. Dans des niches, les prévôts de Paris nous regardent de là-haut et nous trouvent bien petits. Nous les regardons aussi, histoire de voir si le temps est beau, et nous les trouvons encore plus petits.

Quelquefois en regardant en l'air on voit des choses curieuses. Une jeune Danoise en ballade dans notre capitale passait un jour près de Notre-Dame de Paris. Les corbeaux se mirent à croasser, ce qui lui fit lever la tête. Elle vit se détacher

d'une des deux tours un singulier drapeau noir
en forme de flamme.

Étrangement ce drapeau zigzagua. C'était une
jeune femme qui resta suspendue sur la grille,
le fer de lance lui ayant traversé la poitrine (souvenirs de la Morgue).

*
* *

Au Concours, les monuments de sculpture :
un sculpteur et un architecte pour le piédestal.
Le sculpteur trouve qu'un grand piédestal abîme
sa statue, et l'architecte trouve que son piédestal
doit surtout être important.

Dans ce monument où est le gibier et quelle est
la sauce ?

Oh ! les Concours...

Heureusement que Saint-Pierre de Rome n'a
pas été décoré au Concours.

Au Concours du fameux char qui devait orner
l'arc de triomphe je vis la maquette de Falguière.
C'était comme on dit crânement torché. Les chevaux avaient une souplesse de reins qui nous en-
chantait.

Une fois le monument en place je ne vis plus
que le ventre des chevaux. Un sculpteur de renom,
à qui j'en fis l'observation, me répondit : « Après
tout, une figure placée là-haut doit être identique à
ce personnage vivant placé là-haut ! Hum ! hum ! »

— 131 —

Je dînais un jour avec Dalou chez ce sculpteur en renom, et il me dit : « Monsieur, la sculpture sera républicaine ou ne sera pas... »

Enfoncé Déroulède.

Les jeunes gens qui se destineront à l'art ne trouveront pas le lait nourricier dans les boîtes à conserve. Ici la boîte à conserve c'est l'école.

Ne soyez avare que du titre d'ami, et gardez-vous de prodiguer vos sottises.

On emprunte beaucoup à Degas et il ne s'en plaint pas. Dans son escarcelle à malices il y en a tellement qu'un caillou de plus ou de moins, ça ne l'appauvrit pas.

*
* *

D'Albert Wolf dans le *Figaro*.

« La postérité remet toujours les hommes à leur rang, en faisant descendre les uns du piédestal où ils se sont hissés par surprise, pour faire de la place aux autres qui y ont droit. De la sorte, les grands méconnus peuvent continuer leur route dans la conviction de la justice éternelle, souvent tardive, mais toujours certaine, à un moment donné. »

Albert Wolff ? un crocodile.

Ma grand'mère était une drôle de bonne femme. Elle se nommait Flora Tristan. Proudhon disait qu'elle avait du génie. N'en sachant rien je me fie à Proudhon.

Elle inventa un tas d'histoires socialistes, entre autres l'Union ouvrière. Les ouvriers reconnaissants lui firent dans le cimetière de Bordeaux un monument.

Il est probable qu'elle ne sut pas faire la cuisine. Un bas bleu socialiste, anarchiste. On lui attribue d'accord avec le père Enfantin le Compagnonnage, la fondation d'une certaine religion, la religion de Mapa dont Enfantin aurait été le Dieu Ma et elle, la déesse Pa.

Entre la Vérité et la Fable je ne saurai rien démêler et je vous donne tout cela pour ce que cela vaut. Elle mourut en 1844 : beaucoup de délégations suivirent son cercueil.

Ce que je peux assurer cependant c'est que Flora Tristan était une fort jolie et noble dame. Elle était intime amie avec Mme Desbordes-Valmore. Je sais aussi qu'elle employa toute sa fortune à la cause ouvrière, voyageant sans cesse, entre temps elle alla au Pérou voir son oncle le citoyen Don Pio de Tristan de Moscoso (famille d'Aragon).

Sa fille qui était ma mère fut élevée entière-

ment dans une pension, la pension Bascans,
maison essentiellement républicaine.

C'est là que mon père Clovis Gauguin, fit sa
connaissance. Mon père était à ce moment-là,
chroniqueur politique au journal de Thiers et
Armand Marast *le National.*

Mon père, après les événements de 48 (je suis
né le 7 juin 48), a-t-il pressenti le coup d'État de
1852 ? je ne sais ; toujours est-il qu'il lui prit
la fantaisie de partir pour Lima avec l'intention
d'y fonder un journal. Le jeune ménage possédait
quelque fortune.

Il eut le malheur de tomber sur un capitaine
épouvantable ce qui lui fit un mal atroce, ayant
une maladie de cœur très avancée. Aussi lorsqu'il
voulut descendre à terre à Port-Famine dans le
détroit de Magellan, il s'affaissa dans la balei-
nière. Il était mort d'une rupture d'anévrisme.

Ceci n'est pas un livre, ce ne sont pas des mémoires non plus, et si je vous en parle ce n'est
qu'incidemment ayant en ce moment dans ma
tête un tas de souvenirs de mon enfance.

Le vieux, le tout vieil oncle, Don Pio, devint
tout à fait amoureux de sa nièce, si jolie et si res-
semblante à son frère bien-aimé, Don Mariano.
Don Pio s'était remarié à l'âge de 80 ans et il eut
de ce nouveau mariage plusieurs enfants, entre
autres Etchenique qui fut longtemps président
de la République du Pérou.

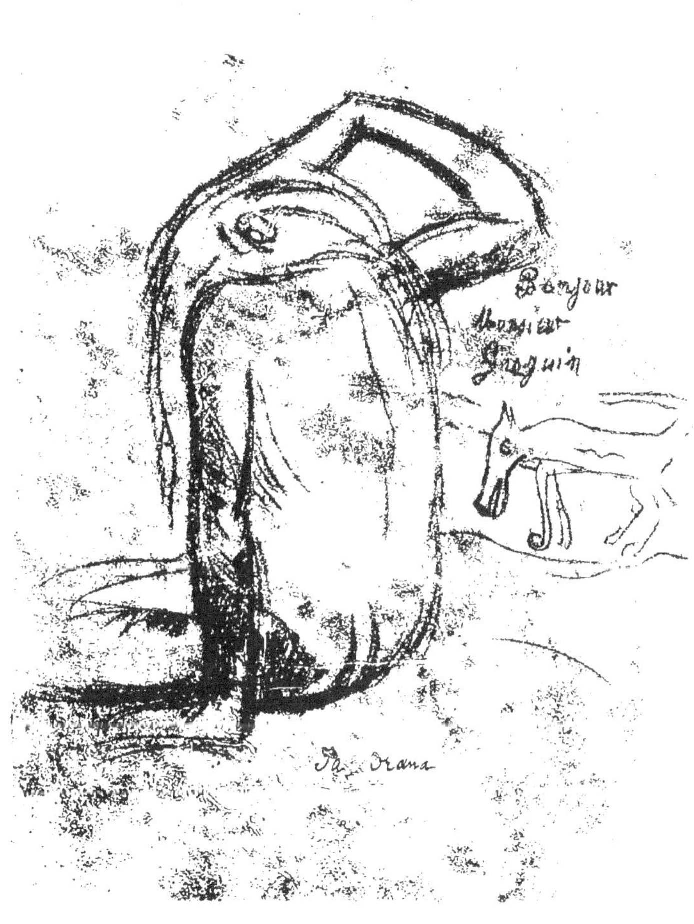

Bonjour
monsieur
Gauguin
Ia Orana

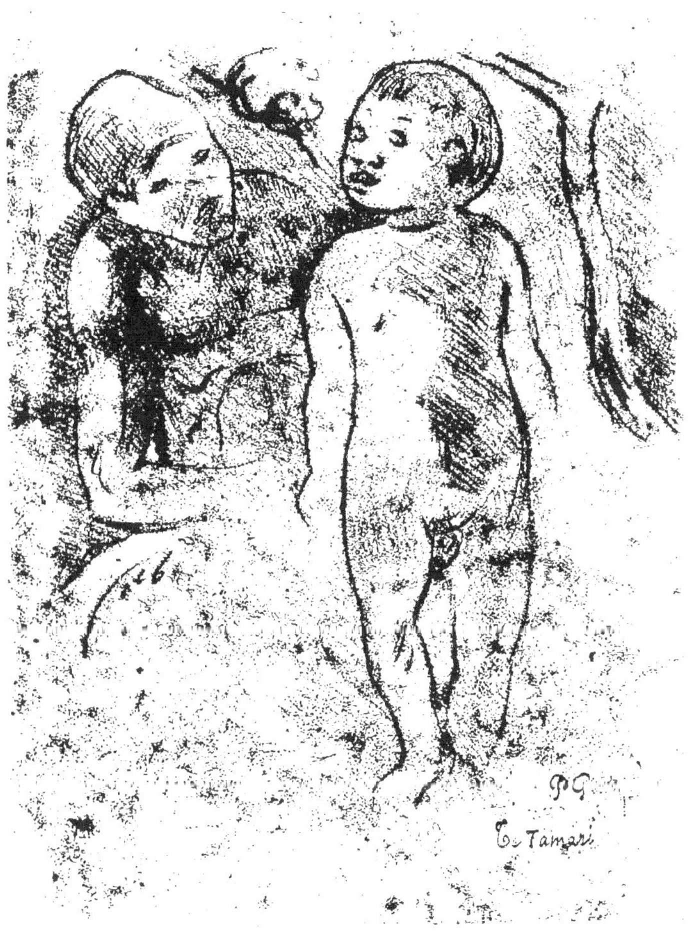

Tout cela constituait une nombreuse famille
et ma mère fut au milieu de tout cela une véritable
enfant gâtée.

J'ai une remarquable mémoire des yeux et je
me souviens de cette époque, de notre maison et
d'un tas d'événements ; du monument de la Présidence, de l'église dont le dôme avait été placé
après coup, tout sculpté en bois.

Je vois encore notre petite négresse, celle qui
doit selon la règle porter le petit tapis à l'Église
et sur lequel on prie. Je vois aussi notre domestique le Chinois qui savait si bien repasser le linge.
C'est lui d'ailleurs qui me retrouva dans une
épicerie où j'étais en train de sucer de la canne à
sucre, assis entre deux barils de mélasse, tandis
que ma mère éplorée me faisait chercher de tous
les côtés. J'ai toujours eu la lubie de ces fuites,
car à Orléans, à l'âge de 9 ans, j'eus l'idée de fuir
dans la forêt de Bondy avec un mouchoir rempli
de sable au bout d'un bâton que je portais sur
l'épaule.

C'était une image qui m'avait séduit, représentant un voyageur, son bâton et son paquet sur
l'épaule. Défiez-vous des images. Heureusement
que le boucher me prit par la main sur la route
et me reconduisit au domicile maternel en m'appelant polisson. En qualité de très noble dame
espagnole, ma mère était violente et je reçus quelques giffles d'une petite main souple comme du

caoutchouc. Il est vrai que quelques minutes après, ma mère, en pleurant, m'embrassait et me caressait.

Mais n'anticipons pas et revenons à notre ville de Lima. A Lima en ce temps, ce pays délicieux, où il ne pleut jamais, le toit était une terrasse et les propriétaires étaient imposés de la folie, c'est-à-dire que sur la terrasse se trouve un fou attaché par une chaîne à un anneau et que le propriétaire ou locataire doit nourrir d'une certaine nourriture de première simplicité. Je me souviens qu'un jour, ma sœur, la petite négresse et moi, couchés dans une chambre dont la porte ouverte donnait sur une cour intérieure, nous fûmes réveillés et nous pûmes apercevoir juste en face, le fou qui descendait l'échelle. La lune éclairait la cour. Pas un de nous n'osa dire un mot, j'ai vu et je vois encore le fou entrer dans notre chambre, nous regarder puis tranquillement remonter sur sa terrasse.

Une autre fois je fus réveillé la nuit et je vis le superbe portrait de l'oncle pendu dans la chambre. Les yeux fixes, il nous regardait et il bougeait.

C'était un tremblement de terre.

On a beau être très brave, et même très malin, on tremble avec le tremblement de terre. Il y a là une sensation commune à tout le monde et que personne nie l'avoir ressentie.

Je le sus plus tard quand je vis en rade d'Iquique une partie de la ville s'effondrer et la mer jouer avec les navires comme des balles maniées par une raquette.

Je n'ai jamais voulu être franc-maçon, ne voulant faire partie d'aucune Société par instinct de liberté ou défaut de sociabilité. Je reconnais pourtant l'utilité de cette institution quand il s'agit des marins ; car sur cette même rade d'Iquique, je vis un brick de commerce, traîné par un très fort raz de marée, forcé d'aller se briser sur les rochers. Il hissa au haut des mâts son guidon de franc-maçon et de suite une grande partie des navires sur rade lui envoya des embarcations pour le remorquer à la bouline. Par suite il fut sauvé.

Ma mère aimait à raconter ses gamineries à la Présidence, entre autres.

Un officier supérieur de l'armée qui avait du sang indien dans les veines s'était vanté d'aimer beaucoup le piment.

Ma mère, à un dîner où cet officier était invité, alla commander aux cuisines deux plats de piment doux. L'un était ordinaire, l'autre extraordinaire, assaisonné à tout casser avec des piments forts. Au dîner ma mère se fit inscrire sa voisine et tandis que tout le monde était servi du plat ordinaire, notre officier était servi du plat extraordinaire. Il n'y vit que du feu surtout quand s'en étant servi une énorme assiette il sentit le sang lui monter à la figure. Et ma mère très sérieuse de lui dire : « Est-ce que le plat est mal assaisonné et ne le trouvez-vous pas assez fort ? »

« Au contraire, Madame, ce plat est excellent ! » et le malheureux eut le courage de vider l'assiette rubis sur l'ongle.

Ce que ma mère était gracieuse et jolie quand elle mettait son costume de Liménienne, la mantille de soie couvrant le visage et ne laissant voir qu'un seul œil : cet œil si doux et si impératif, si pur et caressant.

Je vois encore notre rue où les gallinaças venaient manger les immondices. C'est que Lima n'était pas ce qu'elle est aujourd'hui, une grande ville somptueuse.

Quatre années s'écoulèrent ainsi lorsqu'un beau jour des lettres pressantes arrivèrent de France. Il fallait revenir pour régler la succession de mon grand-père paternel. Ma mère si peu pratique en affaires d'intérêt revint en France à Orléans. Elle eut tort, car l'année suivante 1856, le vieil oncle fatigué d'avoir taquiné avec succès Mme la Mort se laissa surprendre.

Don Pio de Tristan de Moscoso n'existait plus. Il avait 113 ans. Il avait constitué, en souvenir de son bien-aimé frère, à ma mère une rente de 5.000 piastres fortes, ce qui faisait un peu plus de 25.000 francs. La famille, au lit de mort, contourna les volontés du vieillard et s'empara de cette immense fortune qui fut engloutie à Paris en folles dépenses. Une seule cousine est restée à Lima, vit encore très riche à l'état de momie. Les momies du Pérou sont célèbres.

Etchenique vint l'année suivante proposer un arrangement à ma mère qui, toujours orgueilleuse, répondit : « Tout ou rien. » Ce fut rien.

Quoiqu'en dehors de la misère ce fut désormais d'une très grande simplicité.

Beaucoup plus tard, en 1880 je crois, Etchenique revint à Paris comme ambassadeur chargé d'arranger avec le Comptoir d'escompte la garantie de l'emprunt péruvien (affaire du Guano).

Il descendit chez sa sœur qui avait rue de Chaillot un splendide hôtel et en ambassadeur discret, il raconta que tout allait bien. Ma cousine joueuse comme toutes les Péruviennes s'empressa d'aller jouer à la hausse sur l'emprunt péruvien dans la maison Dreyfus.

Ce fut le contraire, car quelques jours après, le Pérou était invendable. Elle but un bouillon de quelques millions.

« *Caro mio !* m'a-t-elle dit, je souis rouinée ; je n'ai plus maintenant que 8 chevaux à l'écurie. Que vais-je devenir ? »

Elle avait deux filles admirables de beauté. Je me souviens de l'une d'elles, enfant de mon âge, que j'avais — il paraît — essayé de violer. J'avais à ce moment 6 ans. Le viol ne dut pas être bien méchant, et nous eûmes probablement tous deux l'idée des jeux innocents.

Comme on le voit, ma vie a été toujours cahin-caha, bien agitée. En moi, beaucoup de mélanges. Grossier matelot. Soit. Mais il y a de la race, ou pour mieux dire, il y a deux races.

Je pourrais me passer de l'écrire, mais aussi, pourquoi ne l'écrirais-je pas : sans autre but que celui de me divertir.

*
* *

Et j'ai eu ces jours-ci besoin de me divertir, enfermé dans un petit îlot par suite d'inondation, comme je vous l'ai raconté plus haut. L'inonda-tion et l'orage sont à peine terminés, chacun se débrouille comme il peut, coupant les arbres dé-racinés, installant de tous côtés des petites passe-relles pour circuler de voisin à voisin. On attend le courrier qui n'arrive pas et en admettant une chance énorme nous avons l'espoir que dans un an l'Administration voudra bien réparer nos désastres et nous envoyer un peu d'argent.

Le courrier doit nous envoyer par extra un juge pour faire l'instruction d'un crime. Voici une lettre que j'ai préparée pour le juge, lettre qui vous mettra un peu au courant de la façon

qu'on emploie pour administrer les colonies françaises.

« *Atuana, janvier* 1903.

« Monsieur le Juge d'instruction,

« Permettez-moi, en ce qui concerne cette affaire de meurtre dont vous allez faire l'instruction, de vous donner quelques éclaircissements.

« Il s'agit d'un homme qui, peut-être, faute de
renseignements à sa décharge, serait condamné
à tort pour meurtre.

« Nous, public, ne saurions connaître qu'imparfaitement ce que le brigadier de gendarmerie a pu
déclarer : par contre, nous savons tout ce qui n'a
pas été fait. Et cela parce que nous nous sommes
donné la peine de faire la besogne, nous-mêmes.

« Est-ce donc à nous de faire la police ?

« Le brigadier aurait interrogé le nègre, puis sommairement la victime et l'amie. C'est tout, c'est-
à-dire presque rien.

« Cela fait, la victime a été remise à l'examen et
aux soins d'un infirmier qui, pour avoir fait un
petit apprentissage à l'hôpital de Papeete, n'en
est pas moins un tout jeune homme léger et sans
expérience.

« Deux jours après, la rumeur publique m'apprit
que cette femme avait une horrible blessure au
vagin qui se trouvait en pleine décomposition.

« Ne pouvant soupçonner un seul instant que

cette blessure puisse avoir passé inaperçue, je n'y
fis pas attention et ce n'est que 15 jours après l'affaire que le pharmacien vint me demander conseil
déclarant que, tout à fait à bout de souffrances,
cette femme avouait avoir une grave blessure faite
au vagin. Les vers de mouche circulaient en grande
quantité et il s'en dégageait une telle puanteur
qu'il était suffoqué, prêt à s'évanouir, ne pouvant
donner des soins que très imparfaitement. Le
tout était déchiré. Déjà la gangrène s'était déclarée
et survint la mort.

« On peut d'ores et déjà assurer que cette dernière blessure est l'unique cause de la mort de
cette femme.

« Le nègre en est-il l'auteur ?

« Et qu'a-t-on fait pour le savoir ?

« A qui incombe la responsabilité de cette né-
gligence ? Ce n'est pas assurément à vous, Monsieur le Juge, qui arrivant ici très longtemps après,
n'êtes pas à même d'être renseigné.

« La gendarmerie s'est contentée d'interroger
presqu'au hasard, dès le début, le nègre, la victime et l'amie.

« Depuis elle n'a fait aucune enquête, ignorant
ou voulant ignorer quand même cette dernière
blessure ; ignorant l'amant, tandis que le public
s'en inquiétait, à tel point qu'un colon avertit le
brigadier que l'amant, malgré son habitation très
éloignée de celle du nègre, se trouvait à 3 heures

de l'après-midi à cet endroit en compagnie de la victime et de son amie.

« Le parti pris de sauver cet amant apparaît presqu'en évidence.

« Le brigadier savait pertinemment, comme tout le monde ici, que le pasteur Vernier et moi (surtout M. Vernier), nous avions des notions étendues en médecine.

« Pourquoi ne nous a-t-il pas consultés en cette occasion ? Par vanité, sans doute : cette vanité d'un gendarme sot et autoritaire.

« Je déclare sans crainte que si j'avais été appelé, cette troisième plaie n'aurait pu passer inaperçue et qu'il m'aurait été facile de voir si elle avait été faite avec un couteau.

« Je reconnais cependant que les deux autres blessures ont été examinées et sondées : examen qui a établi qu'elles avaient été faites toutes deux avec un couteau de moyenne grandeur et non avec un coutelas à débrousser.

« Ce couteau aurait été retrouvé dans la brousse. Si toutefois il y a contradiction entre les déclarations des deux femmes et le fait observé, n'y aurait-il pas lieu de soupçonner un mensonge intéressé, fait pour dérouter la justice ?

« Mais ce qui n'est pas douteux, c'est le mutisme complet, avant et après, au sujet de cette troisième plaie qui a entraîné la mort ; ne voulant accuser personne, pas même le nègre.

« Son amant tous les jours à son chevet avec force protestations d'amour entremêlées de menaces, l'entraînant au silence. Silence que fit la pauvre victime jusqu'à sa dernière heure.

« On doit reconnaître forcément qu'il y a là un grand intérêt passionnel (qui est l'amour), à sauver un meurtrier qui est l'amant. Et ce qui vient donner encore de la force à cette supposition, c'est que la blessure horrible faite au vagin, avec acharnement, a été faite avec un morceau de bois, déchirant en tous sens et dont quelques éclisses (selon l'aveu de la victime) ont été par elle retirées de la plaie.

« Cela est le fait d'un indigène, de nombreux précédents nous ont éclairés sur les habitudes et mœurs marquisiennes. Le sauvage reparaît quand la passion est en jeu et qu'il est possédé du démon de la jalousie. Il s'acharne sur cette partie, imaginant un coït cruel et meurtrier.

« La rumeur publique ainsi que la logique indiquaient cependant que c'était là qu'il fallait chercher l'éclaircissement du mystère. Et c'est justement ce qui n'a pas été fait.

« L'amant n'a jamais été interrogé et inquiété par la gendarmerie et personne questionné à son sujet.

« Je dis bien : la gendarmerie, intentionnellement, car le nouveau brigadier suivant les errements de son prédécesseur, ne veut rien, rien savoir.

« Aujourd’hui, trop tard, cet indigène trouve-
rait autant qu’il le voudrait des faux témoins qui
lui constitueraient un alibi, selon la règle des Marquises.

« Où est notre sécurité dans l’avenir si la gendarmerie toujours couverte par ses chefs doit continuer cette funeste tradition, tracasser le colon
et l’indigène sans jamais les défendre ?

« Je dis bien : cette funeste tradition, car avec
cette façon de procéder, tous crimes commis aux
Marquises ont toujours été considérés par la justice comme obscurs, et par suite impunis ; tandis
que le public toujours indirectement informé arrivait à connaître immédiatement la vérité.

« Quand un crime est commis, le coupable menace de mort les indiscrets et cela suffit. Tous,
sinon officieusement, se taisent officiellement, et
ils ont la partie belle avec les gendarmes si volontairement peu clairvoyants.

« Paul Gauguin. »

*
* *

Permettez que je vous présente une classe d’individus que vous ne soupçonnez pas. Ce sont des
inspecteurs coloniaux. Chacun nous coûte en
moyenne de 50 à 80.000 francs par an.

Ils arrivent dans la colonie, charmants au possible, avec ordre d’écouter tous ceux qui auront

quelque chose à dire, distribuant à chacun l'eau bénite de cour.

A leur départ chacun s'écrie : « Enfin ! cela va changer, le ministre va savoir ce qui se passe. »

Turlututu, chapeau pointu.

Il y a, en effet, quelquefois des changements, mais c'est pire, et le colon dit : « On ne m'y repincera plus, » ce qui n'empêche qu'à nouveau il se fait repincer.

Moi aussi je veux m'y faire pincer.

Deux inspecteurs nous arrivent aux Marquises annoncés comme libéraux charmants, intelligents, bref des merles blancs.

Et je leur écris.

*A Messieurs les Inspecteurs des Colonies,
de passage aux Marquises.*

« Messieurs,

« Vous venez nous demander, nous engager même à venir vous dire par écrit tout ce que nous connaissons concernant la colonie ; vous faire part des réformes que nous pourrions désirer. Tout cela avec les commentaires qui en découlent dans notre pensée.

« En ce qui me concerne personnellement je ne voudrais pas vous présenter le schéma éternel de la situation financière, de l'administration, agriculture, etc..., ce sont là de graves questions

déjà longtemps débattues et qui ont cette parti-
cularité que plus on les agite avec fortes réclama-
tions, mettons même avec violentes polémiques —
plus elles aboutissent à une augmentation de tous
les maux signalés et finalement à la ruine de la
colonie et à la nécessité qui s'impose à bref délai,
celle pour le colon maltraité d'aller à la recherche
d'une autre terre meilleure, moins arbitraire et
plus féconde.

« Je veux simplement vous prier d'examiner
par vous-mêmes quels sont les indigènes ici dans
notre colonie des Marquises, et le fonctionnement
des gendarmes à leur égard ; et en voici la raison.

« C'est que la justice, pour raisons d'économie,
nous est envoyée tous les 18 mois environ.

« Le juge arrive donc pressé de juger, ne connaissant rien... rien de ce que peut être l'indigène ;
voyant devant lui un visage tatoué, il se dit :
« Voilà un brigand cannibale, » surtout quand le
gendarme intéressé le lui affirme. Et voici pourquoi il le lui affirme. Le gendarme dresse un procès-
verbal à une trentaine d'individus qui jouent,
dansent, et dont quelques-uns ont bu du jus
d'oranges. Les trente individus sont condamnés à
100 francs d'amende (ici 100 francs représente
500 francs pour tout autre pays), soit 3.000 francs
plus les frais, soit aussi pour ce gendarme 1.000 fr.,
son tiers d'amende.

« Ce tiers d'amende vient tout dernièrement

d'être supprimé, mais qu'importe ! la tradition est là, puis aussi la basse vengeance : quand cela ne serait que pour prouver qu'ils font leur devoir malgré cette suppression.

« Je tiens aussi à faire remarquer que *rien que cette somme* de 3.000 francs avec les frais, dépasse tout ce que peut rapporter la vallée dans une année, à plus forte raison quand il y a encore d'autres contraventions pour cette même vallée ; et c'est toujours le cas.

« Je ferai remarquer aussi que cette condamnation vient après le désastre du cyclone qui a brûlé toutes les pousses du maiore (l'arbre à pain), c'est-à-dire qu'ils vont être *privés pendant 6 mois de leur unique nourriture.*

« Est-ce humain, est-ce moral ?

« Le juge arrive donc, et, de par sa volonté, s'installe à la gendarmerie, y prend ses repas, ne voyant personne autre que le brigadier qui lui présente les dossiers avec ses appréciations : « Un tel, un tel... tous des brigands, etc. Voyez-vous, monsieur le Juge, si l'on n'est pas sévère avec ces gens-là, nous serons tous assassinés... » Et le juge est persuadé.

« Je ne sais si intelligence il y a.

« A l'audience, l'accusé est interrogé de par l'intermédiaire d'un interprète qui ne connaît aucune des nuances de la langue et surtout de la langue des magistrats, langage très difficile à interpréter

dans cette langue primitive, sinon avec beaucoup
de périphrases.   .

« Ainsi, par exemple, on demande à un indigène
accusé s'il a bu. Il répond non et l'interprète dit :
« Il dit qu'il n'a jamais bu. » Et le juge s'écrie :
« Mais il a déjà été condamné pour ivresse ! »

« L'indigène très timide de par sa nature devant
l'Européen qui lui paraît plus savant et son supérieur, se souvenant aussi du *canon* d'autrefois,
paraît, devant le tribunal, terrifié par le gendarme,
par les juges précédents, etc..., et préfère avouer,
même quand il est innocent, sachant que la négation entraînera une punition beaucoup plus forte.
Le régime de la terreur.

« Dire qu'il y a eu un gendarme qui a dressé
procès-verbal à plusieurs indigènes qui n'avaient
pas voulu envoyer leurs enfants à l'école de Monseigneur, école congréganiste, inscrite sur l'an-
nuaire, *École libre*.

« Dire aussi que le juge les a condamnés !

« Est-ce légal ?

« En regard de ces indigènes nous avons des
gendarmes dans des postes ayant un pouvoir
absolu, dont la parole fait foi en justice, n'ayant
aucun contrôle immédiat, intéressés à faire fortune, à vivre sur le dos des indigènes généreux,
quoique pauvres. Le gendarme fronce le sourcil
et l'indigène donne poules, œufs, cochons, etc...,
sinon gare la contravention.

« Quand par hasard, ce qui est difficile, un colon
un peu courageux pince un gendarme en délit,
immédiatement, tout le monde tombe sur ce
colon. Et le pire qui puisse arriver c'est un petit
sermon soi-disant de la part de son lieutenant
(à huis clos) et un changement de poste. Ici le
gendarme est grossier, ignorant, vénal et féroce
dans l'exercice de ses fonctions, très habile cependant à se couvrir. Ainsi s'il reçoit un pot-de-vin,
vous pouvez être sûr qu'il possède en main des
factures. Comment dire officiellement ce que tout
le monde dit officieusement ?

« Et sans y réfléchir il est ici nommé en outre
de son poste de gendarme... notaire, sous-agent
spécial, percepteur, huissier, maître de port... tout
enfin sauf la garantie du savoir et de l'honnêteté.

« Il est à remarquer cependant qu'il est toujours
marié, sans compter les nombreuses maîtresses,
qui se donnent, toujours par peur de contraventions pour avoir été vues dans la rivière sans la
feuille de vigne réglementaire.

« Il est à remarquer aussi que la femme, quoique
de très basse condition, ne peut se passer de domestique et pour ce on prend tout ce qu'on trouve
sous la main, soit un prisonnier, soit le gardien
de prison, le tout aux frais du contribuable.

« Mais s'il s'agit de crime, assassinat... le tout
change de face. Le gendarme qui tient à sa personne s'empresse de favoriser le silence en allant

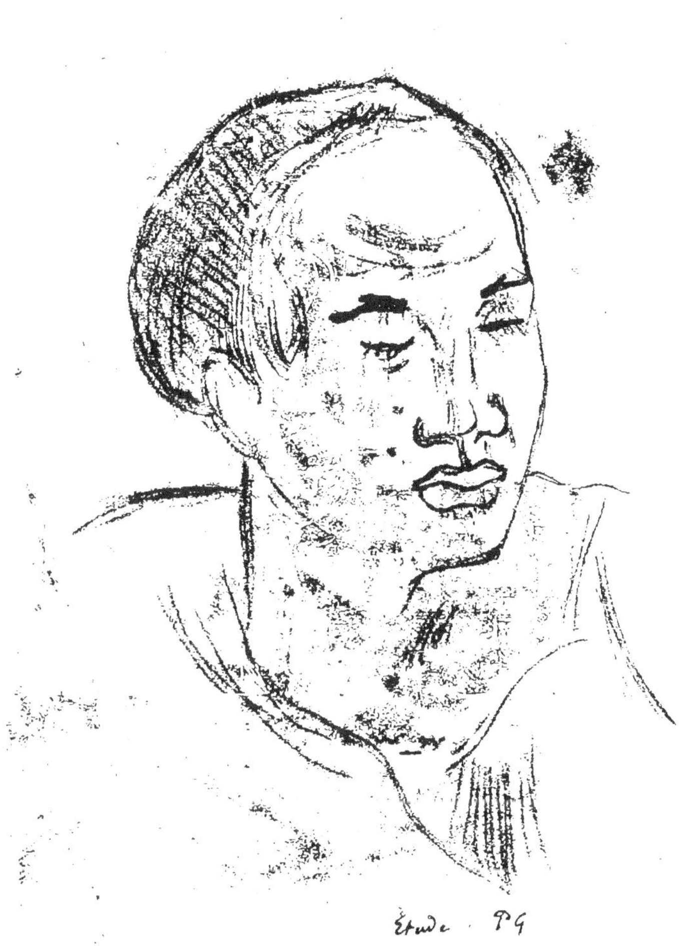

Étude P G

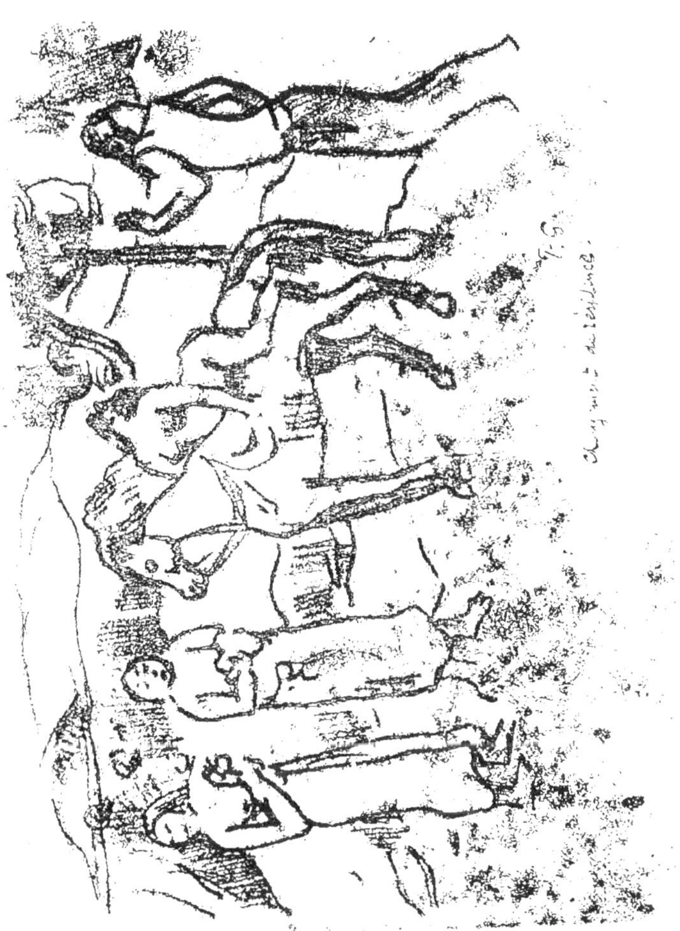
Changement de résidence.

à gauche au lieu d'aller à droite, n'interrogeant
personne, même prévenu par les colons, et disant
« Quand le juge d'instruction viendra, il verra. »

« Consulter crimes et en particulier le dernier
(affaire en instruction à Atuana, février 1903).

« A côté des crimes, très rares heureusement,
la population est très douce en général, il ne reste
donc uniquement que les contraventions délits
de boisson.

« Les naturels n'ayant rien, rien pour se distraire,
ont en tout et pour tout le recours à la boisson
fournie gratis par la nature, c'est-à-dire le jus
d'oranges, de fleurs de coco, bananes, etc., fer-
menté quelques jours et qui sont moins nusibles
que nos alcools en Europe.

« Depuis cette défense de boire qui est toute récente et qui supprime un commerce rémunérateur
pour les colons, l'indigène ne pense plus qu'à une
chose, c'est de boire et pour cela il fuit les centres
pour aller se cacher ailleurs, et de là l'impossibilité
de trouver des travailleurs. Autant leur dire de
retourner à la sauvagerie. Et qui plus est, la mor-
talité augmente.

« Le gendarme se trouve à son affaire. La chasse
à l'homme. C'est comme on voit d'une haute moralité.

« Je demande donc à Messieurs les inspecteurs
d'examiner sérieusement la question afin de demander aux autorités en France, aux hommes qui

s'occupent de justice et d'humanité, ce que je vais leur demander à eux.

« 1º Afin que la justice aux Marquises soit respectable et respectée, je demande que les juges ne communiquent avec la gendarmerie que rigoureusement pour les affaires, logeant et mangeant tout ailleurs (on les paye pour cela).

2º Il faudrait que le juge n'accepte les rapports de gendarme qu'après un contrôle sérieux, sollicitant même chez les colons les renseignements officieux qui lui seraient utiles, et surtout qu'il n'applique la loi que lorsque le gendarme a agi *régulièrement. Et pour cela*, je demande que les règlements concernant la gendarmerie soient affichés dans le bureau de cette gendarmerie : que toute infraction à ces règlements commise par le gendarme soit un cas de cassation immédiate en justice et punie sévèrement.

« 3º Je demande que les amendes concernant la boisson soient proportionnelles à la fortune du pays, car il est immoral et inhumain qu'un pays qui rapporte 50.000 francs par exemple de produit soit imposé en contraventions de 75.000 francs plus les impôts, les prestations et les octrois de mer qui, entre parenthèses, rentrent dans une autre caisse que celle de la colonie, à la disposition fantaisiste d'un gouverneur.

« Et c'est le cas, Messieurs les inspecteurs, vérifiez les chiffres pendant que vous êtes ici.

« Je demande aussi que le rapport du gendarme
ne fasse pas foi en justice jusqu'au jour où il pourra
avoir un contrôle sérieux comme dans nos pays,
jusqu'au jour aussi où la population indigène sera
susceptible (connaissant la langue française) de
témoigner contre ce gendarme sans être terrorisé,
sans passer aussi par les mains d'un interprète
si sujet à caution, attendu qu'il est à la disposition
complète du gendarme (sa position en dépend)
et qu'en sorte il ne connaît que très *imparfaitement* le français, comme on peut le vérifier.

« Si d'une part vous faites des lois spéciales qui
les empêchent de boire, tandis que les Européens
et les nègres peuvent le faire ; si d'autre part leurs
paroles, leurs affirmations en justice deviennent
nulles, il est inconcevable qu'on leur dise qu'ils
sont électeurs français, qu'on leur impose des écoles
et autres balivernes religieuses.

« Singulière ironie de cette considération hypocrite de Liberté, Égalité, Fraternité, sous un drapeau français en regard de ce dégoûtant spectacle
d'hommes qui ne sont plus que de la chair à contributions de toutes sortes, et à l'arbitraire gendarme. Et cependant on les oblige à crier : « Vive
monsieur le Gouverneur, vive la République. »

« Vienne le 14 Juillet, on trouvera dans la caisse
pour eux 400 francs, tandis qu'ils auront payé en
outre de leurs contributions, directes ou indirectes,
plus de 30.000 francs d'amendes.

« De ce fait, nous colons, nous pensons que c'est
un déshonneur pour la République française et
ne vous étonnez pas si ici un étranger vous dit :
« Je suis bien heureux de ne pas être Français, »
tandis que le Français vous dira : « Je voudrais que
« les Marquises soient à l'Amérique ! »

« Que demandons-nous, en somme ? Que la justice soit la justice, non en vaines paroles, mais
effectivement et pour cela qu'on nous envoie des
hommes compétents et animés de bons sentiments
afin d'étudier sur place la question et ensuite
agir énergiquement... Au grand jour.

« Quand par hasard les gouverneurs passent
par ici c'est pour faire de la photographie et quand
quelqu'un d'honorable ose leur parler, leur demander
de réparer une injustice, c'est une grossièreté et
une punition qui sont la base d'une réponse.

« Voilà, Messieurs les inspecteurs, tout ce que
j'ai à vous dire si toutefois cela vous intéresse,
à moins que vous ne disiez comme Pangloss :

« Tout est pour le mieux, dans le meilleur des
« mondes. »

*
* *

Il y en a qui pleurent et d'autres qui pleurnichent
Il y en a qui rient et d'autres qui sourient.

Nuances de toutes sortes.

Au présent on peut dire jamais.

Pour l'avenir ce serait présomptueux.

Dire toujours, c'est de la fidélité.

Aurélien Scholl se désespérait de ne plus trouver un lorgnon qui lui permette d'apercevoir. Un ami lui dit : « C'est très simple, prenez un numéro plus fort. »

— C'est que, répondit tristement Aurélien : « Il n'y a plus que le caniche. »

C'est le mot fidélité prononcé plus haut qui me remet en mémoire le mot d'Aurélien.

Je voudrais dire par là que tout s'enchaîne, et qu'on est jamais sûr d'avoir inventé. Savoir voir et savoir écouter.

On ne connaît bien la sottise qu'après l'avoir expérimentée sur soi-même. On se dit quelquefois : « Mon Dieu ! que j'ai été bête. » C'est justement pour cela même qu'on s'aperçoit qu'on aurait pu faire autrement. Malheureusement on est déjà vieux quand on s'aperçoit qu'il est temps de réfléchir.

Laissons donc les choses comme elles sont, faute de pouvoir faire autrement, laissons-nous vivre sans école par conséquent sans contrainte.

En ce moment, le brigadier s'évertue à dire aux indigènes que c'est lui le chef et non M. Gauguin.

Ce qu'il se fout dedans !!!

Lui et Pandore font la paire.

La petite Taia qui le blanchit n'est pas bête.

Quand elle veut lui carotter dix sous elle lui

dit : « Vous êtes beaucoup savant » et il les donne.

C'est moi le chef, ce n'est pas M. Gauguin.

Comment trouvez-vous la petite Taia ? je vous la sers pour une vraie Marquisienne. Des gros yeux ronds, une bouche de poisson et une rangée de dents capables de vous ouvrir une boîte de sardines. Ne la lui laissez pas longtemps, car elle la mangerait. En tous cas elle connaît déjà par cœur son brigadier.

Ce brigadier ce fut celui-là même qui eut une fois aux îles basses à recueillir un noyé involontairement ayant eu la jambe coupée par un requin. Il hésitait à le mettre dans le cercueil et le lieutenant impatienté lui dit : « Qu'attendez-vous ?

— Pardon, mon lieutenant, mais il manque une jambe !

— Eh bien, mettez-le sans sa jambe.

— Pardon, mon lieutenant, mais il y a des vers.

— Eh bien, mettez-le avec les vers. »

C'est lui le chef et non M. Gauguin.

Sur sa poitrine, les médailles brillent de tout leur éclat.

Sur sa rubiconde face l'alcool brille sans éclat.

En foi de quoi, conséquemment, subséquemment, lui avons délivré son certificat d'identité, suivi de son signalement.

Saluez-le car c'est un chef. En avant marche, par file à droite, hue Coco ! prenez garde il rue avec ou sans bottes.

Me remémorant certaines études théologiques de jeunesse ; plus tard certaines réflexions à leur sujet ; quelques discussions aussi, l'esprit des autres... j'eus la fantaisie d'établir un certain parallèle entre l'Évangile et l'Esprit moderne scientifique : de là la confusion entre l'Évangile et son interprétation dogmatique et absurde par l'Église catholique. Interprétation qui amène et le scepticisme et la haine à son égard.

Une centaine de pages ayant pour titre :

L'esprit moderne et le catholicisme.

Indirectement, très indirectement je fis parvenir ces feuillets manuscrits à l'évêque.

Pour m'écraser sans doute, toujours indirectement, on me fit parvenir en réponse un énorme livre richement illustré d'après photographies, très documenté en histoire de l'Église depuis son début.

Toujours très indirectement, je fis parvenir avec le livre en retour, mes appréciations critiques si l'on veut.

Ce fut la fin de la discussion.

Voici ma réponse à ce livre.

Devant nous, à notre soin, à la lecture d'un profane un livre saint.

La France, au dehors. Hum !! Rome serait plus exact.

Les missions catholiques françaises au dix-neu-
vième siècle sont-elles françaises ? Cela est douteux. Quoi qu'il en soit, la France protège, et Rome
commande... Doux Concordat.

430 pages éditées avec luxe, photographies à
l'appui et la collaboration de 12 vénérables.

Avant de parler des 96 pages d'introduction,
le seul point contestable du livre, nous voulons
exprimer ici notre profonde admiration, notre dégoût aussi pour l'œuvre considérable *(celle-là incontestable)* signalée par la deuxième partie du
livre. Le lecteur édifié peut parcourir l'Orient sans
le secours de la géographie Élisée Reclus, sans le
livret Chaix.

Le collège de la Sainte famille au Caire.

Saint François Xavier à Alexandrie.

Voilà deux monuments qui, à eux seuls, sont suf-
fisants pour prouver que ce n'est pas l'Église, mais
bien la République française qui a fait vœu de
pauvreté.

N.-Dame de Sion à Ramleh et surtout les Sœurs
de Nazareth à Beyrouth éclipsent tous les palais.

Espérons qu'un nouveau sardanapale ne viendra
pas transformer ces palais en maisons de plaisir
et prendre pour esclaves de chair toutes ces char-
mantes nonnes.

Quel meilleur argument contre cette Église que
l'étalage de tout cet or, de cette puissance presque

sans égale entre les mains d'un seul homme revêtu, par lui-même, du manteau de l'infaillibilité.

Deux mille ans d'ère chrétienne, et arriver à un pareil résultat avec le secours de tous les souverains, des torrents de sang et de larmes versés pour la cupidité de quelques-uns, prenant de gré ou de force l'or des fidèles, au nom de la Charité !

N'est-ce pas significatif ? On ne dit plus aujourd'hui : nous sommes grands, mais on dit : « Nous sommes riches. »

L'histoire politique de l'Église catholique et surtout de l'œuvre des Congrégations, troupes régulières, très documentée et admirablement décrite en ce livre, nous met presque brutalement en face d'une machine infernale avec des rouages bien organisés et presque insaisissables. Nous le savions, mais il était bon que l'Église vienne nous le préciser et l'affirmer.

Cette histoire politique se trouve former la majeure partie de l'Introduction, et elle ne nous intéresse que médiocrement : ne laissant place à la théologie que quelques lignes, si toutefois on peut appeler théologie, une série d'arguments pour expliquer la raison d'être de cette Église. Série d'arguments tout à fait extraordinaires et contradictoires pour un lecteur attentif et habitué à ces exercices, mais qui, détournés de leur vrai sens par cet esprit filandreux de rhétorique si particulier aux disciples de Loyola, ont un semblant très trompeur de vérité.

Examinons-les quelques instants.

Page 4. La philosophie a pour guide la Raison.

Page 8. La troisième forme de l'idolâtrie, la foi aux dieux publics et nationaux détruit un autre élément essentiel de la civilisation, la *paix*.

La civilisation ne peut avoir pour fondements le mensonge.

Page 10. Or les idolâtries, impuissantes à maintenir les sociétés et les individus en ordre par des lois morales ont dû assurer cet ordre par l'*Artifice* d'une hiérarchie forte et qui tint les peuples immobiles.

Conclusion contradictoire et artificieuse.

Mais continuons. D'autre part. Platon disait : « Connaître le Créateur et le père de toutes choses est une entreprise difficile, et quand on l'a connu, il est impossible de le dire à tous. »

Page 12. Au lieu d'appartenir à une caste de nobles, la Chine appartint à une caste de lettrés et tous les droits appartiennent à l'intelligence.

Ici nous venons compléter les renseignements. En Chine tous les droits en effet appartiennent à l'intelligence et toutes les places se donnent *au concours* entre ces lettrés. Mais ces lettrés ne peuvent être une caste pas plus qu'aujourd'hui en Europe les savants forment une caste. Tout le monde y a droit.

Il est à remarquer que Platon, Confucius et l'Évangile sont tout à fait d'accord sur ce point d'une société conduite par une aristocratie intellectuelle animée du sentiment du juste et basée sur la raison et la science, n'enseignant aux autres incapables que des préceptes très simples d'honnêteté, telles les lois de Moïse que les docteurs de la loi maintenaient publiques ; soit par la clarté de l'enseignement parlé, soit par la simplicité d'une écriture facile à comprendre.

L'Évangile sur ce point est plus explicite, et semble apporter la conclusion de toutes les philosophies. Il semble, avec une lucidité extrême, entrevoir l'avenir et ne cesse de mettre en garde contre une Église qui ne serait pas basée sur la science et la raison. « Mettez le sceau sur ce que je vous dis, à nous seuls appartient le Royaume des cieux ; quant aux autres, il ne leur sera parlé qu'en paraboles, afin que... »

Recommandant la simplicité, la pauvreté même, le mépris des richesses.

En face de cela, si nous mettons en regard ce qui précède, il en résulte que cette Église vient par la négation complète de ces préceptes les invoquer d'une part et d'autre part avouer qu'il fallait l'*Artifice* d'une hiérarchie forte et qui tint les peuples immobiles.

Et elle ajoute : « C'est alors quand toutes les philosophies et toutes les religions se sont montrées impuissantes à expliquer la vie et à commander le devoir, que le Christ paraît. Par lui, la foi apparaît fondée sur la raison, et la raison s'élève aux certitudes de la foi. »

Aimez votre prochain, comme vous-mêmes.

Faites aux autres ce que vous voudriez qu'on vous fît.

Pardon : ceci n'appartient pas à l'Évangile, mais à Confucius (livre Tchoung-youngow). Quand l'auteur dit : « C'est alors que le Christ paraît, » il commet sciemment une erreur, car la christolâtrie après avoir été longtemps purement astronomique devint terrestre au moins 3.000 ans avant l'ère chrétienne.

Le Christ de l'Évangile n'est donc que la continuation de Iatu l'ancien messie avec cette différence (différence que l'Église s'efforce de nier) qu'il devient essentiellement *fils de l'homme*, ce qui est d'ailleurs la seule base compréhensible, raisonnable, humaine, quand la science vient tuer tout surnaturalisme, base de superstition anticivilisatrice.

Superstition qui est l'*Artifice*.

L'Église catholique du début de l'ère chrétienne durant cinq siècles n'en comprenant ou n'en voulant comprendre la portée s'est efforcée, malgré les efforts de quelques-uns, à remplacer par l'artifice toute la grandeur de la nouvelle philosophie. Et elle y a réussi. C'est ce qu'elle veut dire.

Page 18. L'effort accompli depuis lors pour substituer à l'erreur des crédulités, à l'inimitié des races et à l'égoïsme des passions, cette morale civilisatrice est devenue le plus grand fait de l'histoire. Depuis le Christ jusqu'à l'heure présente, il s'est, à travers les siècles, continué sans arrêt par l'Apostolat.

Page 21. Le Christ était l'étude de toutes ces écoles et la plupart ne reconnaissaient en lui qu'un homme : c'était ne reconnaître à l'Église qu'un caractère humain.

Voilà donc nettement indiquée la situation qu'a voulu établir l'Église catholique, c'est-à-dire repousser la raison de tous, continuer l'ancienne idolâtrie, fouler aux pieds la nouvelle philosophie humaine si apte au bonheur de tous dans l'avenir, comprenant tous les progrès que l'homme appuyé sur la science peut acquérir avec l'exemple de Jésus, fils de l'homme.

Mais pure excuse, la nécessité d'un artifice, pour conduire à leur guise les peuples soumis, tandis que (ce qui en est le contre-sens), elle prend pour fondation de cette Église... « Sur cette pierre, je bâtirai mon Église. » Sur cette pierre qui est la raison même et non la superstition.

Et pourquoi aussi cet étrange et filandreux argument apte à tromper tout le monde.

Par le Christ, la foi apparaît fondée sur la raison, et la raison s'élève aux certitudes de la foi.
En français, cela ne veut rien dire, mais intentionnellement c'est tout un monde.

Cette raison, qui en s'élevant ne devient raisonnable qu'en prenant pour certitude la superstition, superstition artificieuse, la seule qui puisse
conduire les peuples.

Tous les collaborateurs ont raison de noyer ces
quelques pages trompeuses dans l'histoire documentée et politique de cette Église devenue puissante à la conquête du monde, par la terreur, le
sang répandu, l'appui de tous les rois.

Dans tout cela où est la Raison, le Foi même,
sinon l'accumulation de tous les pouvoirs et de
toutes les richesses.

En somme, ce livre étale devant nous (en outre
de leurs procédés infâmes), un édifice somptueux
de marbre et d'or, et non l'édifice de Saint-Pierre,
celui de l'Évangile.

*
* *

Dans l'histoire politique de ces missions, décrite
en ce livre, un passage est à noter à cause de l'actualité qu'il comporte aujourd'hui.

Parlant de Confucius, l'auteur dit : « Comme ils
trouvaient en lui une partie des *vérités chrétiennes*
ils avaient considéré que son autorité leur devien-

drait une caution. La majorité des Jésuites estima excessif d'interdire sous prétexte de danger possible des manifestations qui pouvaient être innocentes et auxquelles 400 millions d'hommes ne renonceraient pas.

« Les Jésuites vivaient à la cour ou dans les provinces ; faisaient parmi les mandarins les plus utiles conquêtes.

« Dans cette élite les doctrines de Confucius s'étaient conservées plus pures.

« Enfin le 11 juillet 1742, Benoit XIV par la bulle *Ex quo singulari*, annule toutes les dispenses, condamne définitivement les cérémonies chinoises. A dater de ce moment l'expansion de la foi s'arrête. Elle n'a plus en Chine qu'à souffrir. »

Ainsi donc ce sont eux-mêmes qui l'avouent, la Chine leur avait ouvert toutes les portes jusqu'au jour où les missionnaires, par ordre du pape, peu reconnaissants de la riche hospitalité qu'ils avaient reçue, commencent à exercer leur pouvoir arbitraire et autoritaire, condamnant les cérémonies adoptées par plus de 400 millions d'hommes pour les remplacer par des cérémonies nouvelles.

Et ce serait pour une pareille œuvre que nous enverrions nos enfants combattre en Chine ceux qui veulent redevenir maîtres de leur pays et de leurs croyances !

Voilà cette fameuse conscience de l'armée chrétienne.

Pour nous résumer et en finir avec cette fumisterie, au vingtième siècle, l'Église catholique est une
riche église ayant extorqué pour les dénaturer
tous les textes philosophiques et l'enfer prévaut.
La parole reste.

Rien de cette parole n'est mort. Les Vedas,
Brahma, Bouddha, Moïse, Israël, la philosophie
grecque, Confucius, l'Évangile.

Tout est debout.

Sans une larme, sans associations d'accapare-
ment, la Science, la Raison, les seules, ont conservé
la tradition : hors l'Église.

Religieusement l'Église catholique n'existe plus.
Pour la sauver, il n'est plus temps.

Fiers de nos conquêtes, sûrs de l'avenir, nous
venons dire à cette Église cruelle et artificieuse :
« Halte-là. » Par suite lui dire quelle est notre
haine, et pourquoi cette haine.

Le missionnaire n'est plus un homme, une conscience. C'est un cadavre entre les mains d'une
confrérie. Sans famille, sans amour, sans aucun
des sentiments qui nous sont chers.

On lui dit : « Tue, » et il tue : c'est Dieu qui le
veut.

« Empare-toi de cette région » et il s'en empare.

« Empare-toi de cet héritage, l'hostie à la main, »
et il s'en empare.

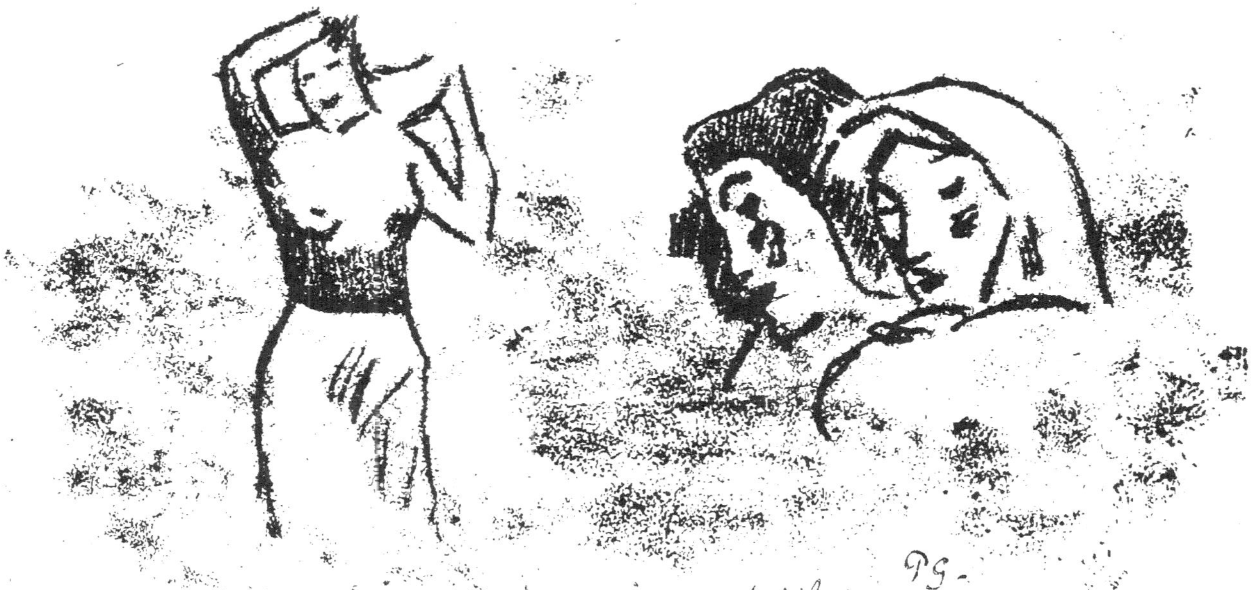

poire de bricoler. PG-

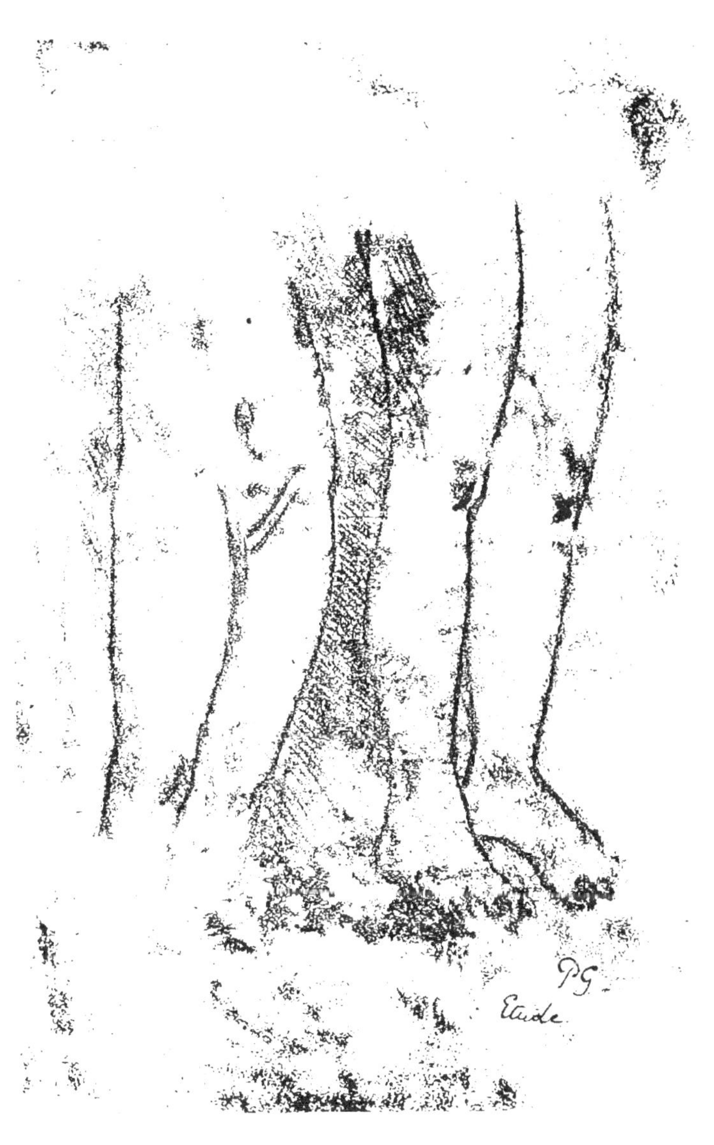
P.G
Etude

Tes richesses ? Pas un centimètre de terre que tu n'aies extorqué aux fidèles avec la promesse du ciel, te faisant donner tout ce qui se vend, jusqu'à la prostitution.

Pauvres plongeurs qui vont au fond de la mer, au risque des requins, chercher des perles. Un signe de croix en est le payement.

On comprend, Messieurs, vos artifices.

L'homme moderne n'aime pas la saleté et le missionnaire qui a sanctifié Labre le pouilleux, se fait appeler généralement Barbe à poux.

Châtré en quelque sorte par son vœu de chasteté, il nous donne le spectacle navrant d'un déformé impuissant, ou d'un homme en lutte stupide et inutile avec les besoins sacrés de la chair, lutte qui sept fois sur dix le conduit à la sodomie, la Trappe et le bagne.

L'homme aime la femme s'il a compris ce que c'était une mère.

L'homme aime la femme, s'il a compris ce que c'était aimer un enfant.

Aimer son prochain.

Avec tristesse et dégoût aussi je vois passer ce troupeau de vierges malsaines et mal propres — des bonnes sœurs — rejetées avec violence, soit par la misère, soit par la superstition de la société, pour entrer au service d'un pouvoir envahisseur.

Cela une mère ! Cela une fille... Jamais.

Et artiste, amoureux de beauté, des belles harmonies, je m'écrie : « Cela une femme ! Oh ! non ! »

Cerveaux impropres aux recherches intellectuelles, n'ayant d'autre conscience de la vie que le boire et le manger, sans autre but réel qu'obéir à une règle, recouvertes d'un manteau hypocrite, menées avec mépris par d'autres vierges mâles.

En admettant que l'histoire, riche cependant en documents et que la police soient calomnieuses tel que l'état des couvents au moment où Jeanne la prostituée des moines devenue Jeanne la papesse : telle aussi l'histoire de la religion de Diderot à l'époque de la Révolution ; telle aussi la découverte des nombreux cadavres d'enfants tués à leur naissance lorsqu'on eut à remuer de fond en comble la terre des jardins d'anciens couvents de femmes. En admettant tout cela comme pures calomnies, il n'en reste pas moins un état lamentable, hors nature, cruel : inhumain par conséquent.

Hors de nous cette sentimentalité qui est le masque du sentiment, ce faux respect d'un habit, l'habit religieux. Examinez de près les sœurs dans les hôpitaux des colonies et ceux qui leur commandent, les mâles. Il faut en général plus de monde pour les servir que pour les malades. Près du lit d'un malade, elles semblent la mouche du coche. Quelques-unes cependant sont de braves filles de campagne capables tout au plus d'exciter la compassion, donnant, par-ci par-là, quelques gâteaux aux soldats pour figurer à la messe. Quant aux mâles ramassés de toutes les nations *(missions françaises)*, ils font la quête pour les petits Chinois, pour réparations et entretien des églises pour souscription à la publication *la Propagation de la Foi*. Lu dans cette publication :

« X... 50 francs pour la réussite d'une affaire ! »

Comme on le voit c'est édifiant et cela nous donne une idée de la grandeur de l'Église (Missions françaises au vingtième siècle).

*
* *

Les écoles, les élèves.

Paul est élève de Rembrandt. Henri est élève de Paul. Bonnat est élève de Henri. Voir la suite...

Une caricature de Daumier. En plein air s'alignent quelques peintres. Le premier copie la nature, le deuxième copie, le troisième copie le deuxième... Voir la suite.

Un décalque, un décalque du décalque... et l'on signe.

La nature est moins indulgente : après le mulet il n'y a plus rien.

Paul meurt de faim avec des économies.

Son frère Henri meurt d'indigestion sans économies. Quel est le plus sage ? Jean qui pleure, Jean qui rit.

Lui et elle s'aimaient d'amour tendre et cela dura autant que possible, jusqu'au jour où l'amant, moins naïf, lassé, la passion refroidie, s'aperçut que l'amante n'était peut-être qu'une affreuse goule.

Les goules n'aiment pas qu'on les lâche.

Lui, l'abbé Combes s'avisa un beau jour, obéissant à la volonté du peuple de signifier à son ancienne amante, quelques détails de cette volonté.

De nombreux souteneurs têtus comme des Bretons, préposés à la garde de la belle défendirent leur marmite : reconnaissance du ventre assurément. Ils se chargèrent de la vidange et toutes les matières fécales des sœurs inondèrent avec tous leurs parfums les envoyés de l'abbé Combes. Chassez les ordures, et elles reviennent au galop.

Ce fut désolant, et dans toute la contrée on pleura, on injuria.

La Bretagne, la Vendée allaient se soulever : ce ne serait plus le pot de chambre mais le canon. Hélas ! trois fois, hélas ! *Non bis in idem.*

Pourtant ! il ne faudrait pas s'y fier... l'armée... la conscience chrétienne.

Tu as voulu faire ton malin avec ton ancienne amante, la goule que tu aimais tant : vois maintenant il ne s'en est fallu que d'un cheveu. Tu ne savais pas que dans l'armée il y a plusieurs genres de conscience.

Une conscience qui permet, ordonne même, de tuer sans pitié des hommes, des femmes sans défense, des enfants même, quand ils sont communards.

Et une autre conscience qui défend d'arrêter des souteneurs qui vident les pots de chambre sur la tête des gendarmes.

Tous prêts à partir en Chine massacrer les Chinois qui ne veulent pas se laisser faire par les chrétiens.

Cette bonne France si généreuse et si chevaleresque toujours prête à partir en guerre pour faciliter aux Anglais la vente de l'opium ; repartir en guerre pour la vente de l'Ancien et Nouveau Testament.

Et le pape, qui n'a plus que cette stupide France pour soutenir ses missions, ne veut pas se fâcher. Et il dit : « Nous pourrions demander le divorce, mais par principe nos principes ne nous y autorisent pas. » Nous ne reconnaissons pas le divorce.

Et la goule reste toujours la goule.

C'est un malin notre Saint-Père le petit Léon : c'est même le seul.

A tous ceux qui lui demandent de faire des concessions, de se mettre dans le train, il répond invariablement : « Des concessions ! mais c'est notre mort : il nous faut le temps de sauver la caisse. »

Et pour gagner du temps il invente quelques dogmes.

Le saint Suaire photographe qui trempé dans l'eau de Lourdes donne des centaines d'exemplaires, par radiation sans doute, comme le corps de Notre-Seigneur Jésus-Chrit.

On s'attend prochainement à une grande souscription aux Marquises pour posséder un de ces extraordinaires exemplaires. Les piastres vont ronfler.

Les indigènes qui me prennent pour un savant viennent tous les jours me demander des renseignements. Que leur répondre ? il me faudrait reprendre des études complètes de chimie cléricale et à mon âge je n'en ai pas la force.

Et je leur réponds : « Demandez cela au brigadier, c'est lui le chef. »

Encore un qui en a une conscience ! comme de la gomme élastique. Faut voir comme il est beau quand il dit : « Mon devoir. » Et son importance quand il dit : « Mon cher, je viens de coucher avec une vierge... » Il est vrai que le mois suivant à l'hôpital le major dit : Qu'est-ce que c'est que ça... donnez-lui du proto-iodure de mercure. » De ces petites vierges, comme les peint Pissaro, qui vendent du poison.

Vous allez dire, lecteur parisien, que je vous monte un bateau avec les gendarmes. Venez aux colonies, surtout aux Marquises, et vous verrez si c'est un bateau. Vous ferez mieux si vous êtes influent d'en dire quelques mots au ministre.

Je n'ai d'ailleurs pas fini et je vous en reparlerai encore quelques fois.

J'ai oublié, tout à l'heure, vous parlant de mon enfance à Lima, de vous raconter quelque chose qui a trait à l'orgueil espagnol. Cela peut vous intéresser.

Il y avait autrefois à Lima un cimetière genre indien ; des casiers et des cercueils dans ces casiers ; inscriptions de toutes sortes. Un industriel français, M. Maury eut l'idée d'aller trouver des familles riches et de leur proposer des tombeaux de marbre sculpté. Cela réussit à merveille. Un tel était général, un autre un grand capitaine, etc... tous des héros. Il s'était muni pour cela d'un certain nombre de photographies d'après des monuments sculptés en Italie. Il eut un succès fou. Pendant quelques années de nombreux navires arrivaient remplis de marbres sculptés, en Italie, à très bon marché et qui faisaient beaucoup d'effet.

Si vous allez maintenant à Lima, vous verrez un cimetière comme il n'y en a pas deux, et vous apprendrez tout ce qu'il y a d'héroïsme dans ce pays.

Le père Maury fit avec cela une très grosse fortune. Son histoire, quoique très simple, mérite d'être racontée. Une très grosse maison de Bordeaux eut un jour une très grosse affaire qu'elle considérait comme perdue. Dans cette maison il y avait un tout jeune employé, le jeune Maury, qui avait été remarqué comme un garçon d'une grande intelligence.

Elle envoya à Lima ce jeune homme avec tous pouvoirs pour rentrer dans les créances et lui fit à cet effet un engagement avec un tant pour cent sur les rentrées qui à son idée ne seraient jamais très importantes. Elle se trompait, car le jeune Maury s'y prit si bien qu'il sauva presque tout.

Il se trouva dès lors à la tête d'un très joli capital, au courant des affaires à Lima et ne demanda qu'à rester. Il commença à installer un hôtel convenable puis deux, puis plusieurs autres ; c'est lui qui commanda sur mesure un dôme en bois sculpté pour l'église avec pièces qui n'avaient plus qu'à être remontées sur l'ancien dôme. Ma mère qui avait appris en pension le dessin, fit à la plume un dessin admirable, c'est-à-dire atroce, de cette église avec son jardin entouré de grilles.

Enfant je trouvais ce dessin très joli ; puis c'était de ma mère : vous me comprendrez sûrement.

J'ai revu à Paris ce tout vieux père Maury entouré de ses deux nièces, ses uniques héritières. Il possédait une très belle collection de vases (céramique des Incas) et beaucoup de bijoux en or sans alliage faits par les Indiens.

Qu'est-ce que tout cela est devenu ?

Ma mère aussi avait conservé quelques vases

péruviens et surtout par mal de figurines en argent massif tel qu'il sort de la mine. Le tout a disparu dans l'incendie de Saint-Cloud, allumé par les Prussiens. Une bibliothèque assez importante, et dans tout cela presque tous nos papiers de famille.

A propos de papiers de famille : lorsque je me suis marié, on me demanda à la mairie les actes mortuaires de mes parents. Je ne possédais que celui de ma mère, significatif cependant puisqu'il était dit : Mme Veuve Gauguin. L'employé prétendait que je ne pouvais me marier sans avoir l'acte de décès de mon père.

Mais puisque ma mère était veuve Gauguin, cela ne prouve-t-il pas que mon père était mort ?

Rien de plus têtu qu'un employé de mairie.

Heureusement que le maire était un homme intelligent et tout fut arrangé.

A la naissance de mon fils j'allai aussi à la mairie déclarer cette naissance.

Lorsque je dictai à l'employé « un garçon du nom de Émil sans e, » il écrivit : « Émile Sanzé. »

Ce fut un quart d'heure inénarrable pour rétablir l'orthographe. J'étais un farceur qui se moquait des employés, etc... Un peu plus j'aurais eu une contravention.

Comme on le voit jamais je n'ai été sérieux, et ne vous offensez pas de mon style badin.

La vieille Môo sans préambule est venue s'installer chez moi. Ayant chaud elle quitte sa chemise. Elle est très maigre, et vous savez que j'aime les femmes grosses. La peau est nacrée, pensez donc, elle a eu onze maternités. A part cela elle serait mieux si on la passait tout entière à la chaux. Elle a bien eu onze enfants, mais si vous lui demandez combien de pères, elle est très étonnée. Elle compte sur ses doigts, encore sur ses doigts, bien longtemps, mais arrivée au chiffre de 100 elle perd la mémoire.

Elle possède quelques terres et chaque jour à ce qu'elle dit il se présente un mari pour de vrai. Mais elle a l'œil à ce qu'elle dit.

Qu'importe elle se couche et offre comme la plus belle fille de monde ce qu'elle a. Rien de plus, rien de moins. Mais je n'aime pas les femmes maigres.

Pour lors j'ai mal à la tête... cela va être la rougeole. La conversation cesse et elle s'endort.

J'ose alors la regarder ; décidément il faudrait la blanchir à la chaux.

Plusieurs nuits elle revient. J'ai toujours la rougeole quand elle vient, ma chasteté en dépend. Et puis je n'ai plus de feu.

Enfin elle ne revient plus et comme on lui en demande la cause, elle dit qu'elle ne peut pas résister, tellement c'est fatigant. Montrant tous les doigts... elle dit : « Oui... comme ça toutes les nuits. »

Voilà comment se font les mauvaises réputations : ne vous y trompez pas.

Il y a eu un temps où seuls les tableaux que j'avais donnés pouvaient se vendre.

Un bon petit jeune homme à qui j'en avais donné trente, après les avoir copiés et étudiés, s'est empressé de les vendre à la maison Vollard. Il est vrai que pour s'excuser il a publié que c'était moi qui lui avait volé toutes ses recherches.

Excellent jeune homme.

Ne donnez jamais vos tableaux sinon à votre cuisinière.

Van Gogh avait aussi cette manie. Qui ne se rappelle, ce café bouzin tenu par l'ancien modèle, la Siccatore, une Italienne. Vincent décora gratis entièrement ce café (le Tambourin).

Il me raconta pendant son séjour à Arles une histoire assez curieuse à ce sujet, histoire dont je n'ai jamais su le fin mot. Très amoureux de la Siccatore toujours belle, malgré son âge, il aurait eu de sa part pas mal de confidences à propos de Pausini.

La Siccatore avait avec elle pour tenir son café un mâle. Dans ce café se réunissaient un tas de gens tout à fait louches. Le patron eut vent de toutes ces confidences faites par cette femme et un beau jour sans rime ni raison il jeta à la figure de Vincent un bock qui lui fendit la joue.

Vincent tout ensanglanté fut jeté hors du café. Un sergent de ville passait à ce moment et lui dit sévèrement : « Circulez ! »

D'après Van Gogh, toute l'affaire Pausini, comme beaucoup d'autres, aurait été mûrie en cet endroit de connivence avec Siccatore et l'amant.

Il est à remarquer que presque tous ces établissements sont au mieux avec la police.

De cette affaire Pausini, une autre affaire en découle, toujours conçue à ce fameux café, d'après Vincent, c'est l'affaire Prado, cet homme qui pour la voler, assassina une courtisane puis la bonne, puis la petite fille, qu'il aurait violée. Ce n'est que bien plus tard que la police fatiguée des cris de la presse trouva un soi-disant assassin qui se trouvait refugié à la Havane. Il fut presque impossible de découvrir le vrai nom de cet homme extraordinaire. On trouva une femme qui déposa contre lui tout ce que la police voulut lui faire déposer et cependant elle fut considérée comme complice. Personne n'y comprit rien, ni la presse, ni la justice, ni l'assassin qui s'écriait : « Je suis, c'est vrai, un bandit et j'ai tué auparavant, mais je ne suis pas coupable de ce crime. »

Cette affaire en ce cas rappellerait l'affaire ténébreuse de Balzac. Qu'importe il fallait que la police ait le dernier mot. Cet homme fut condamné à mort.

Moi et un ami nous fûmes prévenus par dépêche adressée au café de la Nouvelle Athènes par un capitaine de la garde municipale.

A 2 heures et demie du matin, nous étions, place de la Roquette, à attendre l'exécution, battre la semelle, car il faisait un grand froid cette nuit très sombre. Tout au plus, pour tuer le temps, l'arrivée de la machine et son montage. Il ne fallait pas songer un instant entrer dans la petite enceinte réservée qui se trouvait à côté de la machine car elle était déjà pleine de gens qui sans bouger, pressés les uns sur les autres, étaient là à attendre le matin. Enfin le moment était proche ; les quelques lueurs qui annoncent le lever du soleil me permirent d'entrevoir l'aspect de la place. Un grand demi-cercle autour de la guillotine, des troupes, la police. D'un côté la voiture de la guillotine et le fourgon au cadavre : de l'autre, la place réservée.

Devant la guillotine, au centre, cinq gendarmes à cheval.

Et soudainement la police, brutalement, se mit à nous pousser, nous promeneurs, vers l'extrémité du cercle.

Impossible de voir, ou si peu.

Les portes de la prison s'ouvrirent et l'escorte se mit en marche. Les gendarmes avaient tiré leur sabre et un silence extraordinaire se fit immé-

diatement (comme un mot d'ordre), beaucoup
enlevèrent leurs chapeaux. Seuls, en habit noir,
la police de sûreté, le bourreau. En blouse bleue
les aides-bourreaux.

Je voulais voir cependant et quand je veux,
je suis très obstiné : je traversai au galop la place
et je vins (troublant le respect du moment), au
centre, me fourrer entre deux bottes de gendarme.

Personne n'osa bouger.

Je vis alors l'escorte s'avançant péniblement
et entre deux poteaux de la guillotine une tête
abominable, inclinée, désolée, comme affolée par
la terreur.

Je me trompais, c'était l'aumônier. Quel extraordinaire acteur celui qui contrefait ainsi les assas-
sins, la douleur !

L'assassin, tout petit, mais de forte encolure,
avait une belle tête non résignée et malgré toute
la mauvaise apparence de ses cheveux coupés
ras et de sa grossière chemise de toile, il était
convenable.

La planchette bascula si bien qu'au lieu du cou
ce fut le nez qui porta. De douleur l'homme fit
des efforts et brutalement deux blouses bleues
pesèrent sur ses épaules, ramenant le cou à la
place désignée. Ce fut une longue minute et enfin
le couteau fit son devoir.

Je fis mes efforts pour voir sortir la tête de sa
boîte ; trois fois je fus repoussé. On allait à quel-

ques mètres chercher de l'eau dans un seau pour inonder la tête.

On se demanda pourquoi juste au-dessous de la boîte il n'y aurait pas un robinet tout préparé à cet effet. Je me suis demandé pourquoi on ne prenait pas la mesure du prisonnier de façon que la planchette au moyen d'un pas de vis puisse être juste à la distance voulue de l'échancrure qui reçoit le cou du supplicié ?

Voilà donc ce fameux spectacle qui donne satisfaction à la société.

Dehors on entendait des cris : « Vive Prado ! »

A Berbère, la frontière; sur la plage je dessine. Un gendarme du Midi qui me soupçonne d'être un espion me dit à moi qui suis d'Orléans :

« Vous êtes Français ?

— Mais certainement !

— C'est drôle, vous n'avez pas l'accent (lakesent) français ! »

Raphaël est élève de Perugin. Bouguereau aussi. Et Bouguereau s'écrie : « Devant la nature, je ne vois que la couleur. »

Raphaël ne met pas les valeurs; dans ses tableaux ça ne s'éloigne pas. Juge un peu, s'il connaissait les valeurs.

Dans une Exposition sur le boulevard des Ita-

liens je vis une étrange tête. Je ne sais pourquoi
en moi il se passait quelque chose et pourquoi devant une peinture j'entendis d'étranges mélodies.
Une tête de docteur très pâle dont les yeux ne vous
fixent pas, ne regardent pas mais écoutent.

Je lus au catalogue *Wagner* par Renoir.

Ceci se passe de commentaires.

Il y en a qui disent : « Rembrandt et Michel-
Ange sont grossiers, j'aime mieux Chaplin. »

Une très vilaine femme me dit : « Je n'aime pas
Degas parce qu'il peint des femmes laides. » Puis
elle ajoute : « Avez-vous vu mon portrait au Salon
par Gervex ? »

L'habillé de Carolus Duran est cochon. Le nu de
Degas est chaste. Mais elles se lavent dans des
tubs ! c'est justement pour cela quelles sont propres. Mais on voit le bidet, le clyso, la cuvette !
c'est tout comme chez nous.

La critique déshabille. Mais c'est tout autrement.

Un critique chez moi voit les peintures, et la
poitrine oppressée me demande mes dessins. Mes
dessins ! que nenni : ce sont mes lettres, mes se-
crets. L'homme public, l'homme intime.

Vous voulez savoir qui je suis : mes œuvres ne
vous suffisent-elles pas ? Même en ce moment où
j'écris je ne montre que ce que je veux bien mon-

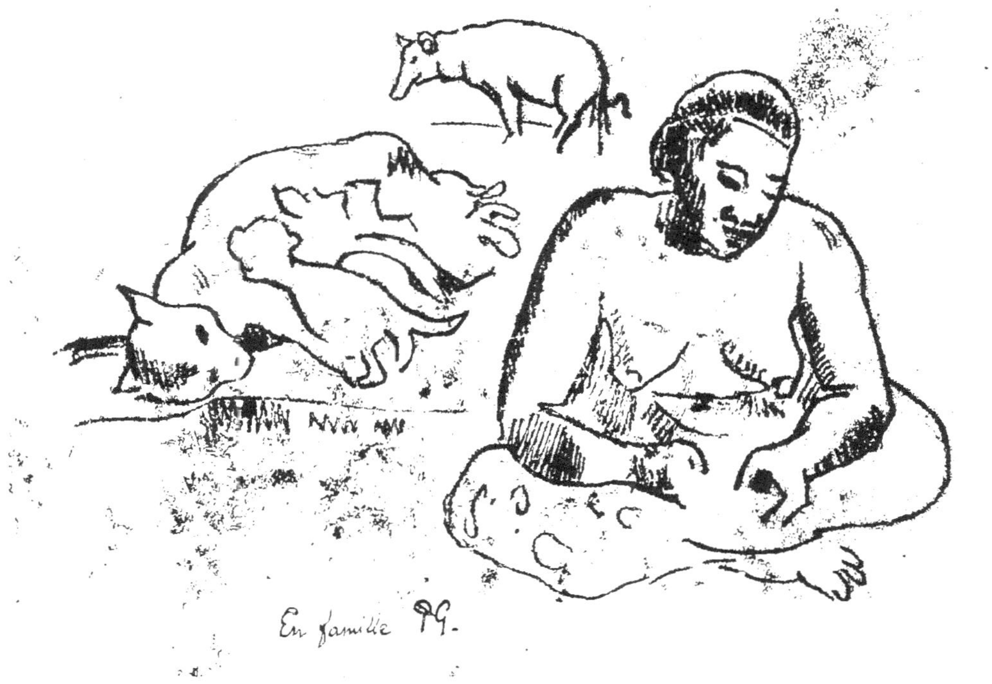

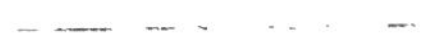

En famille 94.

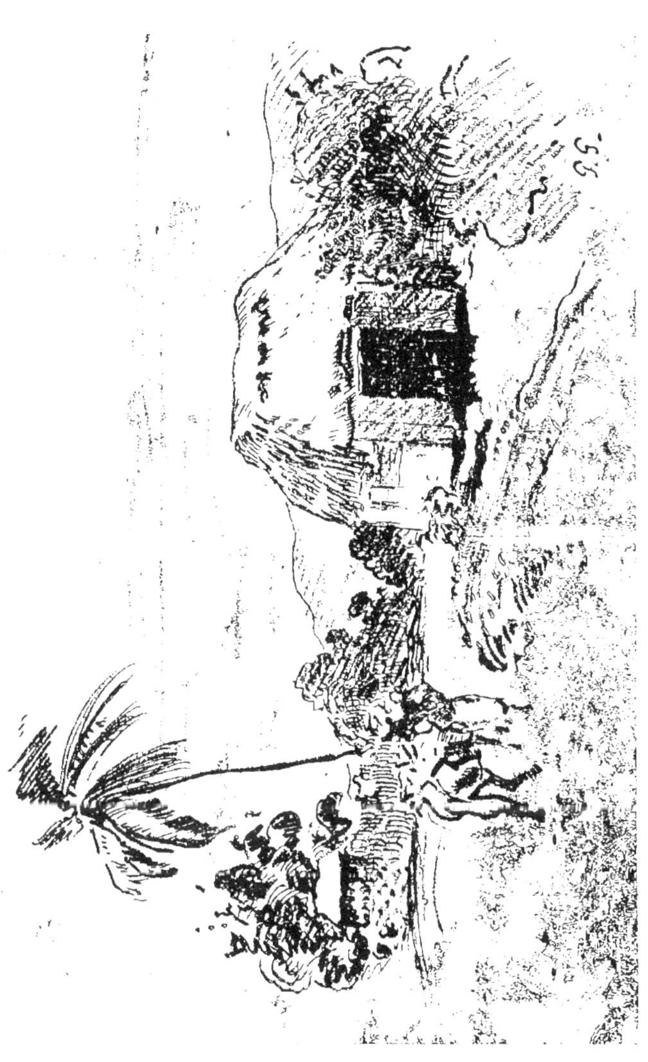

trer. Mais vous me voyez souvent tout nu ; ce
n'est pas une raison, c'est le dedans qu'il faut
voir. Au surplus, moi-même, je ne me vois pas
toujours très bien.

Le dessin, qu'est-ce que c'est cela ? Ne vous
attendez pas de ma part à un cours à ce sujet.
Le critique veut dire probablement, un tas de
choses sur papier avec du crayon pensant sans
doute que c'est encore là où l'on reconnaît si un
homme sait dessiner. Savoir dessiner ce n'est pas
dessiner bien. Se doute-t-il, ce critique, cet homme
compétent, que décalquer le contour d'une figure
peinte donne un dessin d'aspect tout autre. Dans
le portrait du voyageur de Rembrandt (galerie
Lacazes) la tête est carrée. Prenez-en le contour
et vous verrez que la tête est deux fois plus haute
qu'elle n'est large.

Je me souviens du temps où le public jugeant
le dessin des cartons Puvis de Chavannes, tout en
accordant à Puvis de grands dons de composition,
affirmait que Puvis de Chavannes ne savait pas
dessiner. Et ce fut un étonnement quand un beau
jour il fit chez Durand-Ruel une Exposition exclusivement de dessins-études, au crayon noir, à la
sanguine.

« Tiens, tiens..., se dit ce charmant public, mais
Puvis sait dessiner *comme tout le monde* ; il connaît
l'anatomie, les proportions, etc... Mais alors, pour-

quoi sur ses tableaux ne sait-il pas dessiner ? » Dans
une foule, il y a toujours un plus malin que les
autres. Et ce malin dit : « Vous ne voyez pas que
Puvis se fout de vous ?... encore un qui veut faire
son original et ne pas faire comme tout le monde... »

Mon Dieu, qu'allons-nous devenir ?

C'est probablement ce qu'a voulu comprendre
ce critique qui me demandait mes dessins, se disant : « Voyons un peu s'il sait dessiner. »

Qu'il se rassure. Je vais le renseigner. Je n'ai
jamais su faire un dessin proprement, manier un
tortillon et une boulette de pain. Il me semble qu'il
manque toujours quelque chose : *la couleur*.

Devant moi une figure de Tahitienne... Le
papier blanc me gêne.

Carolus Durand se plaint des impressionnistes,
de leur palette surtout. C'est si simple, dit-il :
« Voyez Vélasquez. » Un blanc, un noir...

Si simples que cela, les blancs et les noirs de
Vélasquez.

J'aime à entendre ces gens-là. Ces jours terribles
où l'on se croit bon à rien, où l'on jette ses pinceaux : on se souvient d'eux et l'espoir renaît.

Les vrais ambassadeurs sont ceux qui n'ont
pas trop confiance dans leur intelligence, répon-
dent évasivement, s'habillent et reçoivent très
bien.

Au musée du Louvre, les conservateurs semblent

aussi être dans le même cas. Cependant, cependant... ne pourrait-on pas trouver mieux ?

*
* *

Je vous parle beaucoup d'un tas de choses, malgré ma promesse de vous parler des Marquises. Ce serait de la traîtrise, vous alléchant par un titre pompeux en espoir d'un tout autre chose qu'à Paris, mais qu'on m'excuse moi-même y ayant été pincé. J'y suis, avalons la pilule. En revanche, mon pinceau peut se rattraper. Il y a bien de superbes montagnes que je pourrais vous décrire plus ou moins mensongèrement, mais il me faudrait le talent descriptif avec un tas d'adjectifs que je ne connais pas et qui sont si familiers à Pierre Loti.

Bien des choses étranges et pittoresques ont existé autrefois, mais aujourd'hui il n'y a plus de traces, tout a disparu.

La race disparaît chaque jour, disséminée par les maladies européennes ; jusqu'à la rougeole qui a atteint les grandes personnes.

Les tracasseries de l'Administration, l'irrégularité des courriers, les charges d'argent qui écrasent la colonie, rendent tout commerce impossible. Par suite, les commerçants font leurs malles.

Rien à dire si ce n'est parler des femmes et coucher avec.

Pas mûres, presque mûres, tout à fait mûres.

C'est tellement de la prostitution que cela n'en est pas. Nous le disons, mais eux ils ne le pensent pas.

Or on ne connaît qu'une chose que par le contraire et le contraire n'existe pas.

Un drôle de juge aux Marquises... Une jeune fille vient se plaindre que douze mâles venaient de la violer, sans la payer.

« C'est affreux. s'écria le juge », et de suite il fut le treizième, mais il paya. « Tu comprends, ma petite, maintenant je ne peux juger cette affaire-là. »

Ce même juge, le gendarme était absent, reçut une jeune fille, une enfant pour mieux dire, qui venait réclamer son bulletin de sortie de l'école, ce qui veut dire, bonne à...

Mon juge, lui dit : « C'est bien, donne-m'en l'étrenne », et il dépucela. Maintenant la carte était signée.

Maints détails, croustillants quelquefois, suffiront à vous faire connaître les Marquises, beaucoup mieux que les voyageurs. Les voyageurs aujourd'hui voient si peu.

En ce moment, l'île de Tasata a été ravagée par un raz de marée épouvantable qui a soulevé des blocs énormes de corail et beaucoup de coquillages pour les collectionneurs.

Avec le corail on fera de la chaux. Les baleiniers qui sont de fins marins voyant leur baromètre

faire des farces ont prévu l'accident et sont partis,
non sans laisser au gendarme de très jolis cadeaux. Des pots-de-vin... fi donc... des cadeaux
(avec factures ! ! !).

Que voulez-vous, ont dit les capitaines, la con-
trebande doit être toujours bien avec les gendarmes.

Ceci se passe encore de commentaires.

*
* *

La pire des souffrances c'est la dernière.

Après le café au lait du matin, dans le temple,
les sexes rapprochés la nuit se séparent : forma-
lité nécessaire pour permettre à l'âme de secouer
la matière qui la subjugue.

Après le bidet, le bénitier ; le corps et l'âme
sont nettoyés. On prie.

Seigneur, donnez-nous le pain quotidien.

Business is business.

Chez le crémier, je mange une crépinette aux
choux. Mon voisin, un Anglais, me demande comment ça s'appelle. Et moi : « Qu'est-ce que tu
dis ? » Le garçon passe et le jeune homme demande
un *qu'est-ce que tu dis*.

Je ne me savais pas si farceur.

Il ne s'agit plus de peinture, ni même de littérature : il s'agit d'armes. C'est qu'en ce moment nous avons ici un gendarme... Vous savez... il sort de Joinville-le-Pont ! c'est un gaillard terrible. Joinville est en quelque sorte le prix de Rome des exercices physiques.

Il y a beaucoup à en prendre et en laisser. Pour mon compte personnel, je laisserai.

Les maîtres d'armes brevetés de Joinville-le-Pont sont en général des gaillards très exercés : exercés à coups de triques. Très forts assurément, mais acrobates, et font en général de très mauvais élèves.

On dit : « Ayez une bonne main, vous toucherez quelquefois. »

« Ayez une bonne main et de bonnes jambes, vous toucherez souvent ». Ajoutez-y une bonne tête et vous toucherez toujours.

Une bonne tête... c'est ce qu'à Joinville on ne donne pas. Là on professe sans discernement.

Le jeu de fleuret consiste à se servir de deux mouvements ; les quelques autres en découlent ou sont du supplément.

Un mouvement de va-et-vient et un mouvement tournant, à l'attaque ils se nomment un, deux, trois, et doublez... ; à la défense... opposition et contre.

Quoique très simples ces mouvements donnent lieu à énormément de combinaisons. Qui les comprend bien est déjà fort.

Le maître d'armes de régiment excelle à vous fatiguer, vous fait faire durant toute l'année en temps décomposés des une, deux, des doubles et finalement quand l'élève veut faire le moindre petit assaut, il perd la carte « Que vais-je faire », se dit-il ? Tiens une, deux. Il presse et il dégage ; l'adversaire prend le contre. Ça ne biche pas. Naturellement... vos mouvements doivent correspondre à la parade.

Il est donc essentiel que le professeur le fasse comprendre à l'élève, en lui donnant la leçon doucement et contrecarrant par sa parade le mouvement commandé. Ainsi par exemple il commande une, deux, mais au lieu d'une opposition, il pare doucement avec un contre, de façon que l'élève suive attentivement la parade et exécute d'après cela.

Maintenant en tant qu'exécution on a un principe à Joinville-le-Pont dont on ne veut démordre. Allongez le bras, fendez-vous. De cette façon il est impossible de tromper les distances, et l'adversaire attentif au mouvement du genou se trouve prévenu constamment.

Tandis que les bons maîtres d'armes civils agissent tout autrement : le bras ne s'allonge qu'au fur et à mesure et la fente souvent inutile ne vient que par-dessus le marché.

Nous aimons aussi la correction s'il se peut, mais intelligemment nous prétendons qu'il faut faire des armes, comme on est bâti.

Ainsi par exemple ayant le poignet faible et la main délicate je m'étais habitué à me servir des muscles du bras, toute la force concentrée à la saignée.

Étant très large de poitrine et n'ayant fait des armes que très tard il m'était impossible à moins d'une gêne extrême de me tenir réglementairement, couvert presque dans les deux lignes. Aussi sans aucune gêne, poitrine découverte, je me suis habitué à n'offrir à l'adversaire qu'une seule ligne en prenant l'engagement toujours en tierce (aujourd'hui on dit en sixte).

Il vaut mieux être correct... Voyez Mérignac. Halte-là, tout le monde n'est pas Mérignac.

Je me souviens, à la salle Hyacinte à Paris, d'un instituteur de première force aux armes. Cet instituteur avait des bras, et des jambes surtout très petites, aussi il s'était habitué à se servir de ses jambes comme s'il avait eu des roulettes sous la plante des pieds. Il ne se fendait pas, mais par une série de petits pas, soit en arrière, soit en avant, il était hors d'atteinte ou immédiatement sur vous. De la tête... toujours de la tête.

Vous avez le poignet fort, fatiguez votre adversaire par des engagements et des pressions solides de force contenue : mais si vous avez la main faible, qu'elle se dérobe sans résistance avec agilité à toutes les pressions. En armes il n'y a pas de dogmes, non plus de bottes secrètes.

Durant mon séjour à Pont-Aven, il y avait un maître de port et garde-pêche, Breton de l'endroit, marin en retraite, maître d'armes breveté de cette fameuse école de Joinville-le-Pont. D'accord avec lui nous installâmes une petite salle d'armes, ce qui, malgré le bon marché, lui faisait des petits bénéfices dont il était très satisfait. C'était d'ailleurs un brave garçon, assez bon tireur mais inintelligent comme tireur et comme professeur. Il n'entendait en rien la science des armes. Tout cela lui était entré par entêtement et force exercices.

Dès le premier jour, je vis que ce pauvre garçon avait des jambes très courtes : aussi je m'amusais entre temps, moi qui suis grand et bien jambé, à lui tromper les distances de sorte que malgré sa finesse de main, il n'arrivait jamais qu'à quelques centimètres du but. Je lui en parlai et cela parut être de l'hébreu. Le pauvre garçon heureusement n'était pas fier et je devins quelque temps son professeur pour bien des choses. Ainsi je lui fis donner des leçons en faisant comme je l'ai dit plus haut, c'est-à-dire en contrecarrant l'élève à la leçon par des parades autres que celles annoncées.

Au bout de quelque temps nous eûmes un excellent professeur, et les élèves firent de rapides progrès.

Tromper les distances. Il est évident que si vous

vous disposez à attaquer, il faut sans qu'on s'en aperçoive, par des allongements de bras et un certain piétinement, être le plus près possible de l'adversaire, les coudes au corps. De cette façon, le bras en s'allongeant, traîtreusement, c'est-à-dire au fur et à mesure de ses mouvements, touche le but sans avoir recours aux jambes. De même dans le cas contraire votre bras doit être allongé, vous devez être penché légèrement en avant ; de cette façon vous avez pour vous toute la longueur de bras et une certaine distance que vous gagnez en reprenant la position droite.

Avec les maîtres d'armes de l'armée on ne doit faire assaut que très tard, c'est-à-dire quand l'élève est découragé. Au civil, presque dès le début, le professeur termine la leçon par une leçon d'assaut en faisant certaines invites à la valse, certaines incorrections, tout cela très doucement pour qu'en aucun cas, l'élève prenne l'habitude de bafouiller. Comment je vous ai fait une pression et vous n'avez pas dégagé ? Comment je vous ai paré avec une opposition et vous avez essayé de doubler ? Comment après avoir doublé mon contre, j'ai essayé de changer de ligne et vous n'avez pas dédoublé (doublez, dédoublez)... ainsi de suite. L'élève ainsi intéressé dès le début apprend la science des armes, s'habitue dès le début à appliquer la leçon dans un assaut et fait de très rapides progrès sans pour cela se fatiguer comme un acrobate.

Les différents assauts qu'on donne à Paris tous les ans sont la preuve de ce que je viens de dire, car on voit des maîtres d'armes battus par des civils qui ont dix fois moins d'exercices qu'eux.

De la tête, toujours de la tête...

Notre excellent professeur de Pont-Aven fut très étonné lorsqu'un beau jour d'automne il nous arriva dans la salle une paire d'épées, un cadeau d'un élève américain, qui avait pas mal de galette.

Là encore faisant l'assaut avec le professeur, je lui fis voir que c'était un jeu différent.

Certainement il faut toujours étudier à fond les armes avec le fleuret c'est là la grande base ; mais il faut appliquer en duel cette science tout autrement.

Il ne s'agit pas en duel de toucher proprement en certains endroits spécifiés : là tout compte.

Il faut penser que sur le terrain les coups dangereux sont aussi dangereux pour soi.

Un homme qui pare bien et qui riposte savamment est une fine lame.

Il n'y a pas de position réglementaire : c'est l'adversaire qui vous indique la position que vous devez avoir. Tout est imprévu, tout est irrégulier. C'est en quelque sorte une partie d'échecs. C'est à celui qui trompera l'autre, se fatiguera le dernier. Méfiez-vous d'avoir les ongles en dessous, car un froissé solide vous désarmera sûrement. Vos allongements de bras doivent être mous et faits dans la ligne de tierce, sinon un liement est à craindre. Le contraire si vous avez affaire à un gaucher.

Étudiez bien votre adversaire. Savoir quelles sont ses parades favorites à moins qu'il soit intelligent et joue ce jeu qu'on joue au collège. Pair ou impair. Il faut donc avoir des mouvements très irréguliers, inattendus, faire croire à son adversaire tout autre chose que ce que vous voulez.

Je pourrais en écrire long sur ce sujet, mais j'espère que le lecteur comprendra suffisamment.

En fin de compte, si vous avez affaire à un adversaire beaucoup plus fort que vous, gardez-vous bien, et au moindre mouvement en avant, de sa part, présentez votre bras contre sa pointe. Vous en êtes quitte pour une blessure sans conséquence et l'honneur est satisfait.

Par contre, si vous avez devant vous quelqu'un qui n'a jamais fait d'armes, prenez garde, il est dangereux. Il ne se sert d'une épée que comme d'un bâton, en travers, allant de haut en bas. N'hésitez pas, faites de la contrepointe et un coup de tête ou coup de figure vous arrange convenablement l'individu.

J'ai rencontré en ma vie, bien des vantards, surtout en voyage et aux colonies : avec ceux-là il suffit de causer quelques instants pour savoir à quoi s'en tenir.

Ainsi, un petit procureur que je vous ai déjà
présenté me dit un jour qu'il était terrible, ayant
quinze ans de salle d'armes. Lui ! un mal bâti dont
on ne saurait préciser le sexe et la nature.

Je profitai d'un jour où j'étais avec lui à déjeu
ner sur une goélette de guerre pour remettre la
conversation sur ce sujet, et je lui dis : « Je n'ai
pas quinze ans de salle d'armes et cependant je
vous fais un pari de 100 francs et je vous en rends
huit sur dix. » Naturellement il ne tint pas le pari.

Au régiment, à la salle d'armes, les officiers
n'y viennent pas, ils préfèrent aller au cercle jouer
à la manille. Quant aux soldats, ennui de part
et d'autres, eux et le professeur.

Quelques-uns montrent des dispositions, on
les nomme prévôts.

Toujours avec l'enseignement militaire, c'est-
à-dire, le corps sans la tête.

J'ai eu souvent l'occasion de tirer avec ces
prévôts. Tous des mazettes et inintelligents.

Au collège, c'est presque la même chose, il faut
un peu d'armes pour entrer à Saint-Cyr, et le professeur cherche à gagner son argent en douceur.

Je me souviens de ce temps : nous avions pour
maître le fameux Grisier qui envoyait son prévôt
(je ne me souviens pas de son nom, il doit encore
exister ayant une salle d'armes à Paris), ce prévôt
était célèbre par ses coupés.

Le père Grisier venait quelquefois, engageait

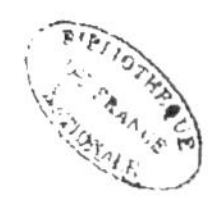

le fleuret de la main droite et avec la main gauche nous donnait une légère tape sur la joue. J'en ai reçu.

C'était d'ailleurs un honneur qu'il nous faisait, appelant cela la botte Grisier. Il avait été maître d'armes de l'empereur de Russie.

Assez causé d'armes et qu'on m'excuse : c'est ce fameux gendarme qui sort de Joinville-le-Pont. Mais je ne vous lâche pas pour cela, car je vais de ce pas vous ennuyer avec une petite leçon de boxe. Là encore histoire de me vanter.

Mes premières leçons de boxe ne sont pas de première jeunesse. Mon professeur fut un amateur, un peintre qui se nommait Bouffard, à Pont-Aven. Quoique amateur, il était passablement fort : j'ai continué depuis et cela m'a servi quelquefois, quand cela ne serait que pour se donner de l'assurance. Mais il s'agit de boxe anglaise, tandis qu'à Joinville-le-Pont on fait ce qu'on appelle de la boxe française ou pour mieux dire de la savate. Étant marin, j'avais fait de la savate, mais histoire de rire.

Charlemont fils, aujourd'hui le grand champion de la boxe française, a composé une vraie boxe, et non exclusivement la savate. Bien loin, bien loin de cela, l'École de Joinville-le-Pont.

En tant qu'imparfaitement l'école anglaise est meilleure.

La boxe de Joinville-le-Pont n'a de valeur que pour un homme très agile, acrobate, et très exercé : de première force. Sinon elle est un vrai danger qui vous met vite à la merci d'un boxeur très médiocre de la boxe anglaise.

Voilà toute ma leçon de boxe qui consiste à vous mettre en garde contre l'École de Joinville et s'il vous prend fantaisie de vous y adonner, ayez des jambes agiles, pratiquez tous les jours, quittez toute lecture et devenez une *brute*.

*
* *

Autrefois la chanson était (toujours un souvenir d'enfance) : « Maman, les petits bateaux qui vont sur l'eau... »

Aujourd'hui les bateaux vont sous l'eau : que devient la chanson ?

Les vieux ronchonnent et disent : « De notre temps ! »

Mais à la mer, les gros poissons mangent les petits. Ici ce n'est pas le cas, puisque les petits bateaux, ils mangent les gros.

Et je me plais à voir la tête d'un gros Anglais de quelques tonnes littéralement transformé en chair à saucisse.

Charcuterie à la dynamite.

Donner, ce n'est pas savoir donner. Pour savoir donner, il faut savoir recevoir.

On dit qu'il faut savoir obéir pour savoir commander. Ce n'est pas très exact. Voyez les rois. Voyez aussi les gendarmes. Plats comme des valets, ils savent obéir. Savent-ils commander ? Grand Dieu non. Et pourtant ils aiment commander ; ils appellent cela se rattraper ou se venger.

C'est moi le chef !...

Et la femme dit : « Je suis la maréchale (maréchale tout court) — au logis ».

Chez moi je suis en chemise, dans mon atelier je suis en blouse : le soir dans le monde je suis en habit.

Dans la rue j'entends une dispute, j'approche et j'écoute.

Un maigre vieillard, sa fille desséchée, une grosse femme avec des tétons, des mamelons, des monstres, avec éloquence, cette éloquence du peuple naturelle, s'écriait : « Oui, Monsieur, je ne connais pas d'expression assez vile pour exprimer ma pensée... Quant à vous, Mademoiselle, je vous dis merde ! »

Une cuvette, de l'eau, un peu de savon, et tout est nettoyé. Et ses mains tapaient sur les mamelons caoutchoutés, son ventre mamelonnait. Je

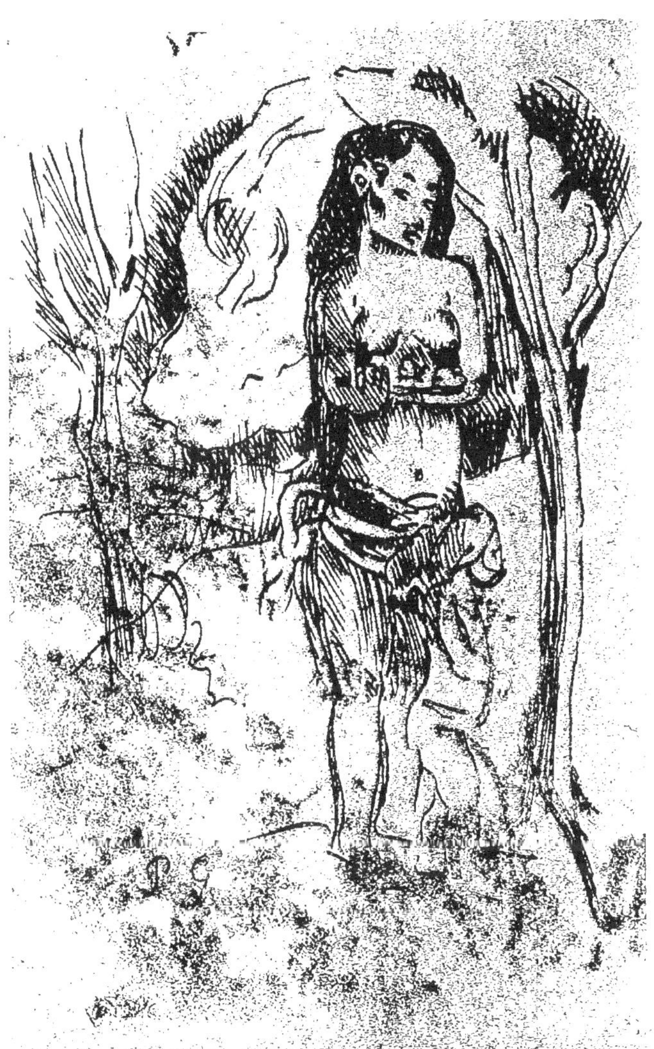

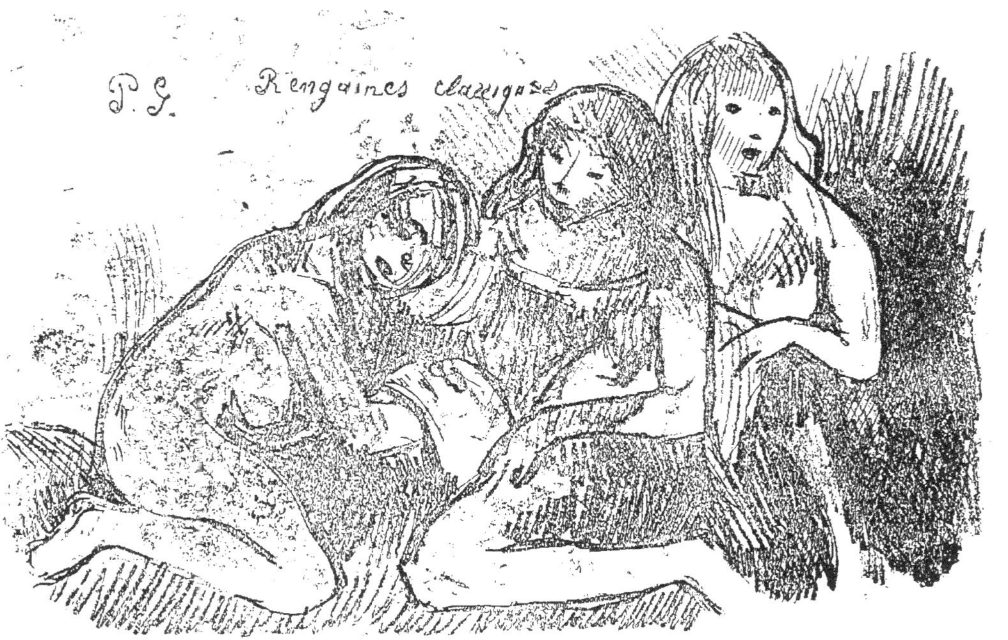
P. S.   Rengaines classiques

m'en souviens, et ma foi, pardonnez-moi, je ris.

Dans cette impasse un peu cour des miracles, l'impasse Frémin donnant sur la rue des Fourneaux. 5 heures du matin, je ne dors pas et j'entends la mère Fourel, la femme du charretier qui s'écrie : « Au secours, mon mari s'est pendu. »

Je saute du lit, j'enfile un pantalon (les mœurs !) Je prends en bas un couteau et je coupe la ficelle. Le pendu était mort, tout chaud, tout bouillant. Je voulus le faire porter sur un lit. Halte-là, il faut attendre la justice...

De l'autre bord, ma maison surplombe de quinze mètres un terrain de maraîchers. Je crie au maraîcher : « Avez-vous un melon-cantalou ? »

Justement, en voilà un de mûr, et à mon déjeuner je mange mon cantalou, sans songer au pendu. Comme on le voit, dans la vie il y a du bon. A côté du poison, il y a du contrepoison. Et le soir dans le monde en habit, croyant émotionner, je raconte l'histoire, et tout le monde, en souriant, sans émotion, me demande quelques morceaux de la corde de pendu.

Une histoire en amène une autre. Je me souviens qu'une fois, un soir, j'avais un peu bu et à minuit je rentrais dans une rue du Havre ; j'étais marin de commerce à cette époque. Je faillis me casser le nez contre un volet qui, entr'ouvert, débordait. « Cochon ! » m'écriai-je, et je tapai sur le volet qui ne voulut pas se refermer... Je te

14

crois, il y avait là un pendu qui ne voulait pas.
Cette fois je ne dépendis pas, continuant mon
chemin (j'avais un peu trop bu) me disant sans
cesse à haute voix : « Le cochon ! c'est se fouttt'
des passants, il y a de quoi vous casser la figure. »
Heureux ceux qui sont toujours comme il faut.

*
* *

J'ai connu à Tahiti un brave garçon, très naïf,
domestique chez un riche colon. Il voulait à toute
force coucher avec la fille du patron, et pour ce...
tous les jours la famille buvait du lait spermatisé.
Il ne réussit pas, je crois, car ce fut le patron qui
voulut faire des caresses. Horreur... cela donne
beaucoup à penser. Défiez-vous des « on dit ».

*
* *

Les histoires en Océanie sont nombreuses et
intéressantes. En voici une qui n'est pas mienne,
étant d'autres, mais que je garantis.

A mon premier voyage de pilotin sur le *Luzitano*, voyage à Rio-de-Janeiro, j'avais, comme
apprentissage, à faire la nuit le quart avec le
lieutenant.

Il me raconta.

Il était mousse sur un petit navire qui faisait

200

de très longs voyages en Océanie ; chargements
et pacotilles de toutes sortes.

Un beau matin au lavage du pont, il se laissa
tomber à l'eau sans qu'on s'en aperçût. Il ne lâcha
pas son balai, et grâce à son balai, l'enfant resta
quarante-huit heures sur l'Océan. Par extraordinaire, un navire vint à passer et le sauva. Puis
quelques temps après, ce navire ayant atterri
dans une petite île hospitalière, notre mousse s'en
alla se promener un peu trop longtemps. Il resta
pour compte.

Notre petite mousse plut à tout le monde et le
voilà installé à ne rien faire, forcé de perdre sur-
le-champ son pucelage, nourri, logé, choyé et
chatouillé de toutes façons. Il était très heureux.
Cela dura deux ans, mais un beau matin un autre
navire vint à passer et notre jeune homme voulut
rentrer en France.

« Mon Dieu que j'ai été bête, me disait-il, me
voilà obligé de bourlinguer... J'étais si heureux ! »

Chez les sauvages il y a du bon, mais voilà le
mal du pays.

*
* *

Si vieillesse pouvait ; ça ne compte pas.
Si jeunesse savait... Voilà qui compte.

Je n'ai jamais si bien fait que quand je voulais
mal faire.

— 201 —

Tout ceci dit et écrit pour les gens qui n'ont pas de morale. Je fus amené un jour dans une famille honnête, ma sœur était avec moi où l'on ne parlait que des vertus familiales et surtout des devoirs en ménage. Ce fut pour moi un trait de lumière et je vis, *sans me tromper*, que j'étais dans une boîte à mariage. Rien de terrible comme la vertu.

Une veuve promène ses trois filles. Voyez la mère, vous saurez ce que deviendront les filles. Et ce n'est pas engageant.

Aujourd'hui un père doit dire à son futur gendre.

D. — Avez-vous eu la vérole ?

R — Non.

D. — Très bien, mais vous n'aurez pas ma fille, car vous êtes sujet à être malade et à pourrir ma fille.

Il y a de ces nécessités qu'il faut avaler. Avaler est dur ; mettons, se résigner.

*
* *

Les hommes vieux n'ont pas de dents ; les vieux loups en ont de fameuses.

Une femme ne devient vraiment bonne que quand elle devient grand'mère. En Océanie... je ne dis pas cela pour vous, Mesdames de la Métropole... Sinon de conviction, par politesse.

Turlututu, mon chapeau pointu.

Et lui de me dire : « Tout homme doit servir sa patrie.

— Et vous pourquoi n'avez-vous pas servi ?

— Moi c'est autre chose, je suis exempt étant des colonies. »

Patriotisme !

Bon ! voilà mon esprit qui voyage ; nous ne sommes plus en Océanie, mais en Afrique, ce bon continent que tout le monde veut se partager ou plutôt se disputer, si propice aux héros aventuriers comme Marchand ; ce pays où, sous prétexte de civiliser, on égorge. Ennuyé de tirer sur les lapins, on tire sur la chair noire. Les Boërs tirèrent sur la chair noire disant : « Ote-toi de là, que je m'y mette. » Mon Dieu, les Anglais ne firent pas pire. Un jeu sur le sentiment. On vendait des esclaves ; aujourd'hui c'est défendu. Non ! c'est que je tousse : allez-y voir.

Or donc en Afrique maints manuscrits arabes nous renseignent. On me l'a dit, et je l'ai cru, j'ai donc prêté toute oreille, faites comme moi si vous voulez savoir ce qui s'y dit.

Au désert, tout n'est pas sable, par-ci par-là, riants paysages, à tel point qu'il y a des girofles le nez en l'air.

C'était donc un jour que le manuscrit arabe ne
nous indique pas, un lion et un âne se rencontrè-
rent. « Mes compliments d'abord, » s'écria maître
Aliboron, et notre orgueilleux roi du désert de
répondre : « Je les tiens pour bon. »

Le lion n'aime pas beaucoup l'eau et arrivés
près d'une rivière il dit à l'âne : « Es-tu assez fort
pour me porter sur ton dos, traverser la rivière,
ce qui m'évitera une bronchite assurément. »

Notre âne, heureux de plaire à un aussi dangereux compagnon, se mit avec complaisance à sa
disposition, lorsque... tout à coup, il se sentit les
fesses labourées méchamment. Il hiâna, s'écriant :
« Mon Dieu ! qu'é que c'est que ça ! — Oh rien,
s'écria le lion, c'est ma griffe. »

Plus loin, arrivés contre un monticule, notre
âne avisa son roi du désert : « Es-tu capable avec
moi sur ton dos de monter en courant sur ce monticule. » Sobre de parole, le manuscrit nous dit
seulement que le lion exécuta facilement la besogne lorsque... tout à coup le lion sentit un extraordinaire instrument, une arme naturelle, sans doute
un pal qui lui perforait cruellement l'intestin.
Cette fois ce fut un rugissement : « Mon Dieu !
qu'é que c'est que ça ! » Et notre baudet, avec cet
air jovial et fumiste particulier à sa race de dire :
« Oh ! c'est rien, c'est ma griffe. »

Il y a deux genres de griffes et n'est pas la plus
terrible celle qu'on pense. Ne pas confondre avec

le coup de pied de l'âne. La philosophie arabe est tout autre.

*
* *

Mordioux ! Cap de Dioux ! une main tirait la moustache, l'autre sur la garde de l'épée.

Aujourd'hui. De quoi, e, e ! et on se crache dans les mains.

On dit évoluer.

J'ai un *Mardi-Gras en Espagne*, par Goya. J'ai copié, mais j'ai changé, mettant les gens en habit et le chapeau tuyau. C'était moins bien, mais plus mascarade.

Devant moi un vieux bambou : il est gravé par un sauvage. C'est une figure de géométrie, le carré de l'hypothénuse. Une géométrie naufragée sans doute, et cela m'intéresse. J'aurais voulu savoir ce qui s'est passé dans le cerveau de cet indigène artiste, mais l'artiste est mort.

J'ai aussi un livre de voyages, avec forces illustrations. L'Inde et la Chine, les Philipines, Tahiti, etc... Toutes les figures copiées avec soin, avec idée de portrait, ressemblent à Minerve ou à Pallas. C'est beau l'École.

Jean Dolent, dans son livre *les Monstres*, fait dire à sa cuisinière : « Avec un gigot on ne met pas de navets, » et il ajoute : « Le Conservatoire ! »

Si vous avez des enfants qui ne sont bons à

— 205 —

rien, mettez-les ronds-de-cuir : c'est encore le meilleur moyen de devenir quelque chose.

Ici un fonctionnaire me dit : « Est-ce que vous connaissez Huysmans ? il paraît que c'est un grand littérateur ; il vient d'être décoré. »

Oui, mais Huysmans a été décoré comme employé de ministère. Et notre fonctionnaire réjoui me dit : « C'est donc ça que je ne le connaissais pas. » La vraie gloire c'est d'être connu par les conducteurs d'omnibus.

Le père Corot à Ville-d'Avray. « Eh bien ! père Mathieu, ça te plaît-il, ce tableau ? —Oh que oui, les rochers y sont bien ressemblants. Les rochers étaient des vaches.

In populo veritas.

*
* *

Au restaurant de très grands peintres discutent et ça n'en finit pas et l'on demande à Degas son avis. Tout ça, dit-il, c'est une affaire de cimaise. Jérôme me dit : « Voyez-vous la grande affaire en sculpture, c'est de bien calculer son armature... Qu'en dis-tu, Rodin ?

Ce qui est remarquable dans la grande Révolution, c'est que les meneurs ont été des menés. Un troupeau qui en mène un autre. Tout commence bien pour finir mal. Marat me paraît être le seul qui ait su ce qu'il voulait. Naturellement il devait être tué par une femme. Le grain de sable qui arrête la machine. La fatalité serait-elle par hasard consciente. Oh ! alors le mot ne se comprend pas, ou plutôt je ne le comprends pas. J'ai été élevé par des gens qui considéraient l'histoire comme un sage enseignement. Renseignement peut-être, car je n'ai jamais vu aucun résultat qui concorde. J'espère bien que si demain nous avions la guerre avec l'Angleterre, nous ne nous laisserions pas mener par une vraie pucelle d'Orléans.

J'estime que les historiens sont de braves gens, mais qu'ils doivent être embarrassés pour agir s'il faut choisir dans le tas. Quant à moi, si je consultais l'histoire, il me semble que je ne ferais que des bêtises. Il est vrai qu'en politique je suis comme presque tous les artistes : « Je n'y comprends rien. »

Ainsi depuis quelque temps je vois que toutes les nations s'embrassent à qui mieux. Je bois à la santé !... les Rois, les Empereurs, les Présidents de la République. Et comme un serin, je me dis : « Ça sent mauvais. »

Dans un salon, presque un cornichon, le monsieur qui lit tous les bulletins politiques (l'Esprit des autres) pérore gravement. Quand il prononce la Triple-Alliance, son poing serré, symbole de puissance, se met en évidence.

Dans un coin, un épaté quelconque demande à son voisin : « Quel est donc ce monsieur ? »

C'est un attaché d'ambassade, un garçon qui ira loin. Voulez-vous être sérieux, parlez politique, de la Triple-Alliance si bien conclue que depuis trente ans elle est toujours à refaire.

« Maman les petits bateaux qui vont sous l'eau ont-ils des jambes.

— Petit bêta, s'ils en avaient ils marcheraient sur l'eau. »

Zola avait ses haines. Sans être comme lui un grand homme, on peut, il me semble, avoir aussi ses haines. Je suis de ceux-là.

Je hais profondément le Danemark. Son climat, ses habitants.

Oh ! il y a en Danemark du bon, c'est incontestable.

Ainsi depuis vingt-cinq ans, tandis que la Norvège et la Suède ont envahi les salons de peinture en France pour plagier dans tous les sentiers qui sentent mauvais, mais ont de belles apparences, le Danemark honteux de son échec à l'Exposition universelle de 1878, se mit à réfléchir, à se concentrer en lui-même. De là est sorti un art danois, très personnel et auquel il faudra faire sérieusement attention, et je suis heureux ici d'en faire les éloges. Il est bon de regarder l'art français, et même celui de tous les autres pays.

mais uniquement pour être plus à même de regarder en soi.

On me fit autrefois à Copenhague une singulière niche. Moi qui ne demandais rien, je fus vivement engagé et invité par un monsieur au nom d'un Cercle d'art à exposer mes œuvres dans une salle *ad hoc*. Je me laissais faire.

Le jour de l'ouverture, je me disposai l'après-midi seulement à aller jeter un coup d'œil et quel fut mon étonnement lorsque arrivé on me dit que l'Exposition avait été fermée d'office à midi.

Inutile de chercher un renseignement quelconque ; de toutes parts bouche close. Je ne fis qu'un saut chez le monsieur important qui m'avait invité. « Le monsieur était, dit le domestique, parti pour la campagne et ne rentrerait pas de sitôt. »

Comme on le voit, le Danemark est un charmant pays. Il faut reconnaître aussi qu'en Danemark on sacrifie beaucoup à l'éducation, aux sciences, et tout particulièrement à la médecine. L'hôpital de Copenhague peut être considéré comme un des plus beaux établissements de ce genre, par son importance et surtout par sa tenue intérieure qui est de premier ordre.

Rendons-leur cet hommage, d'autant plus qu'après je ne vois plus rien que de néfaste. Pardon, j'oubliais encore ceci, c'est que les maisons sont admirablement construites et installées soit pour le froid, soit pour l'aération en été, et que la ville est jolie. Il faut dire aussi que les réceptions en Danemark sont en général dans la salle à manger où l'on mange admirablement. C'est toujours ça et ça fait passer le temps. Par exemple ne vous laissez pas trop ennuyer par ce genre uniforme de conversation : « Vous, un grand pays, vous devez nous trouver bien en retard. Nous sommes si petits. Comment trouvez-vous Copenhague, notre musée, etc... c'est bien peu de chose ? » Tout cela dit pour que vous disiez juste le contraire : et vous le dites assurément par politesse.

Les usages !!

Le musée! parlons-en. A vrai dire il n'y a pas de collection de peinture, sinon quelques tableaux de la vieille école danoise, des Meissoniers paysagistes et faiseurs de petits bateaux. Espérons que cela a changé aujourd'hui. Il y a un monument construit exprès pour leur grand sculpteur Torwaldsen, un Danois qui a vécu et est mort en Italie. J'ai vu cela, très bien vu, et ma tête a bourdonné. La mythologie grecque devenue scandinave, puis avec un autre lavage devenue protestante. Les Vénus baissent leurs yeux et pudiquement se drapent dans le linge mouillé. Les nymphes qui dansent la gigue. Oui, Messieurs, elles dansent la gigue, voyez leurs pieds.

On dit en Europe, le grand Torwaldsen, mais on ne l'a pas vu. Son fameux lion, le seul visible pour les voyageurs en Suisse ! un dogue danois empaillé.

Disant cela je sais qu'en Danemark on va brûler du sucre dans tous les coins pour m'apprendre à en casser sur le dos du plus grand sculpteur danois.

Beaucoup d'autres choses me font haïr le Danemark, mais ce sont des raisons particulières qu'il faut garder pour soi.

Laissez-moi vous introduire dans un salon comme on en voit aujourd'hui rarement. Le salon d'un comte, de très grande noblesse danoise.

Le vaste salon est carré. Deux énormes panneaux de tapisserie allemande, exécutés spécialement pour la famille, merveilleux autant que vous puissiez l'imaginer. Deux dessus de porte, vues de Venise, par Turner. Le mobilier, en bois sculpté avec armes de la famille, tables de marqueterie, étoffes du temps, le tout une merveille d'art.

Vous êtes introduit et l'on vous reçoit. Vous vous asseyez sur un pouff, forme colimaçon, en velours rouge, et sur la table merveilleuse, un dessus de quelques francs venant du Bon Marché, album de photographies et vases de fleurs du même genre. Vandales ! ! !

A côté du salon une très jolie salle de musée. La collection des tableaux ; le portrait de l'aïeul par Rembrandt, etc...

Ça sent le moisi... personne n'y va.

La famille préfère le temple où on lit la Bible et où tout vous pétrifie.

Je reconnais qu'en Danemark le système des fiançailles a du bon en ce sens que ça n'engage à rien (on change de fiancé comme de chemises), puis cela a toutes les apparences de l'amour, de la liberté et de la morale. Vous êtes fiancés, allez vous promener, en voyage même ; le manteau des fiançailles est là qui couvre tout. On joue avec le tout, mais pas ça, ce qui a l'avantage des deux parts, d'apprendre à ne pas s'oublier et faire des bêtises. L'oiseau à chaque fiançaille perd un tas de petites plumes qui repoussent sans qu'on s'en aperçoive. Très pratiques les Danois... goûtez-y, mais ne vous emballez pas. Vous pourriez vous en repentir et souvenez-vous que la Danoise est une femme pratique par excellence... Comprenez donc, c'est un petit pays ; il faut qu'il soit prudent. Jusqu'aux enfants à qui on apprend à dire : « Papa, il faut de la galette, sinon mon pauvre père tu peux te fouiller. » J'en ai connu.

Je hais les Danois.

Leur littérature : on dit qu'elle est bien. Je ne la connais pas. Je me souviens pourtant d'avoir vu jouer une pièce de Brandès ! Mais non, mais si, je n'en suis pas sûr. Il s'agissait d'un homme qui, en voyage, à l'hôtel, avait profité d'un de ces moments si dangereux pour une femme. Il la retrouve plus tard tranquille près de son mari. L'homme menace, sinon rupture du silence, et la femme se résigne.

Comme on voit, c'est touchant et toujours nouveau. J'ai vu jouer aussi *Othello*. Le grand tragédien en tournée, Rossi, jouait *Othello* en italien, la répartie ou contre-partie était en danois. Yago le traître était souple comme la barre de la justice et Desdemona, malgré tous ses efforts pour simuler une chaude Espagnole, n'arrivait qu'à zéro de chaleur (glace fondante).

J'ai vu jouer aussi *Pot-Bouille* de Zola. Là les acteurs étaient dans leur élément. La lavure de vaisselle, la crasson bourgeoisie. Les Josserand étaient parfaits, Trublot un peu moins.

A part cela, les Danoises dansent très bien ; faut croire que tout leur esprit est par là. Ne jugez pas les Danois à Paris, mais chez eux. Chez nous ils sont doux comme sucre : chez eux du vrai vinaigre.

Ce peuple a de très curieuses pudibonderies. Ainsi dans le Sund les propriétés sont voisines et chacun a sa cabine pour s'habiller ou se déshabiller au bain de mer. La route surplombe.

Les femmes se baignent à part et les hommes aussi, mais à leurs heures. On se baigne nu, et il est de règle que le passant sur la route ne doit rien voir.

J'avoue que de ma nature très curieux, j'allais contre la règle, un jour où la femme d'un ministre marchait dans la mer s'en allant en pente douce. J'avoue aussi que ce corps tout blanc nu jusqu'à mi-mollet faisait assez bon effet. La petite fille suivait et se retournant m'aperçut. « Maman ! » La maman se retourna effrayée reprenant le chemin de la cabine, me montrant ainsi tout le devant après m'avoir montré l'arrière. J'avoue encore que le devant faisait à distance assez bon effet.

Ce fut un scandale. Comment ! avoir regardé ! ! !

Aux bains de mer, en France, une Danoise, après s'être revêtue d'un costume de bain selon nos usages, sortie de la cabine hésitait, pudibonde Danoise, à aller se baigner avec tout le monde, hommes et femmes. Et la garde-cabine interrogée répondit : « Madame ne voit donc pas la mer, » de même le maître baigneur s'écrie : « En voilà encore une qui me tend les fesses, et qui dans le monde ne me donnerait pas la main. »

Encore une drôle de pudibonde cette jeune Danoise dans un atelier libre de sculpture que je vis avec un énorme compas, prenant avec précaution la distance... du machin à la cheville du modèle.

Le modèle très froid fut convenable.

Cette jeune Danoise prenait ses repas à la crèmerie d'en face sans jamais quitter ses gants. Une

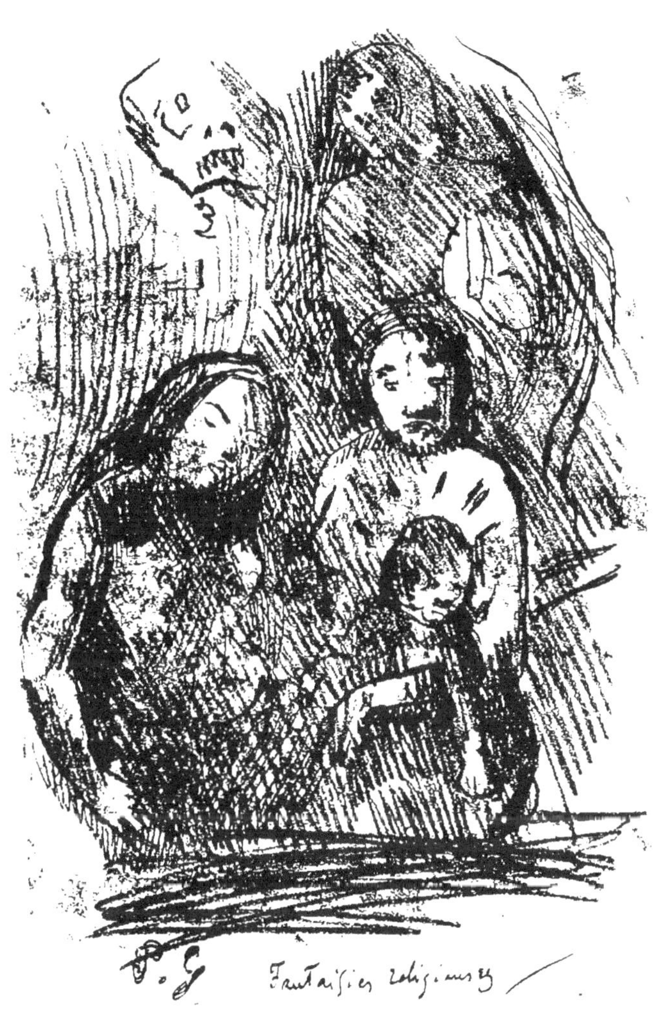

Fantaisies religieuses

portion, quarante centimes, deux sous de pain. Comme on le voit, la sagesse même, l'économie, et l'élégance et par-dessus tout elle ne se trompait pas d'un centimètre du machin à la cheville : elle voulait faire juste, c'est la probité de l'art. Elles finissent toutes par avoir une médaille au Salon.

*
* *

Mon premier voyage de pilotin fut à bord du *Luzitano* (Union des chargeurs ; voyages du Havre à Rio-de-Janeiro). Quelques jours avant le départ, un jeune homme vint à moi, me disant : « C'est vous mon successeur comme pilotin : tenez, voici un petit carton et une lettre que vous serez bien aimable de faire parvenir à son adresse. »

Je lus : « Madame Aimée Rua d'Ovidor. »

« Vous verrez, me dit-il, une charmante femme à laquelle je vous recommande d'une façon toute particulière. Elle est comme moi de Bordeaux. »

Je vous fais grâce, lecteur, du voyage en mer, cela vous ennuierait.

Je vous dirai pourtant que le capitaine Tombarel était un quart de nègre tout à fait charmant papa, que le *Luzitano* était un joli navire de 1.200 tonneaux, très bien aménagé pour passagers, et qui filait par belle brise ses 12 nœuds à l'heure.

La traversée fut très belle, sans tempête.

— 215 —

Comme vous le pensez, ma première occupation fut d'aller avec mon petit carton et la lettre à l'adresse indiquée. Ce fut une joie...

« Comme il est gentil d'avoir pensé à moi, et toi, laisse-moi te regarder, mon mignon, comme tu es joli. » J'étais à cette époque tout petit et j'avais, malgré mes dix-sept ans et demi, l'air d'en avoir quinze.

Malgré cela, j'avais fauté une première fois au Havre avant de m'embarquer, et mon cœur battait la breloque. Ce fut pour moi un mois tout à fait délicieux.

Cette charmante Aimée, malgré ses trente ans, était tout à fait jolie, première actrice dans les opéras d'Offenbach. Je la vois encore richement habillée partir dans son coupé attelé d'une ardente mule. Tout le monde la courtisait, mais à ce moment-là l'amant en titre était un fils de l'empereur de Russie, élève sur le vaisseau-école. Il fit de telles dépenses que le commandant du navire alla trouver le consul de France pour que celui-ci intervînt *adroitement*.

Notre consul fit venir Aimée dans son bureau et lui fit maladroitement quelques remontrances. Aimée sans colère se mit à rire et lui dit : « Mon cher consul, je vous écoute avec ravissement et je crois que vous devez être un très fin diplomate, mais... mais je crois aussi qu'en matière de cul vous n'y entendez rien. »

Et elle partit en chantant : « Dis-moi, Vénus, quel plaisir trouves-tu à faire ainsi cascader ma vertu. »

Et Aimée fit cascader ma vertu. Le terrain était propice sans doute, car je devins très polisson.

Au retour nous eûmes plusieurs passagères, entre autres une Prussienne tout à fait boulotte.

Ce fut au tour du capitaine d'être pincé, et il chauffait dur, mais inutilement. La Prussienne et moi nous avions trouvé un nid charmant dans la soute aux voiles dont la porte donnait sur la chambre près de l'escalier.

Menteur au possible, je lui racontais un tas d'absurdités et la Prussienne tout à fait pincée voulut me revoir à Paris.

Je lui donnai comme adresse *la Farcy, rue Joubert*.

C'était très mal et j'eus du remords quelque temps, mais je ne pouvais pas cependant l'envoyer chez ma mère.

Je ne veux pas me faire meilleur ni pire que je suis. A dix-huit ans on a en soi bien des graines.

*
* *

Roujon, homme de lettres, directeur des Beaux-Arts.

Une audience m'est accordée et on m'introduit.

A cette même direction, j'avais été introduit deux années auparavant avec Ary Renan, devant aller étudier à Tahiti ; et pour m'en faciliter l'étude, le ministre de l'Instruction publique m'avait accordé une mission. C'est à cette direction qu'on me dit : « Cette mission est gratuite, mais selon nos usages et comme nous l'avons fait précédemment, pour la mission du peintre Dumoulin au Japon, nous vous dédommagerons au retour par quelques achats. — Tranquillisez-vous, M. Gauguin, quand vous reviendrez, écrivez-nous, et nous vous enverrons le nécessaire pour le voyage. »

Des paroles, des paroles...

Me voilà donc chez l'auguste Roujon, directeur des Beaux-Arts.

Il me dit délicieusement : « Je ne saurais encourager votre art qui me révolte et que je ne comprends pas ; votre art est trop révolutionnaire pour que cela ne fasse pas un scandale dans *nos* Beaux-Arts, dont je suis le directeur, appuyé par des inspecteurs. »

Le rideau s'agita et je crus voir Bouguereau, un autre directeur (qui sait ? peut-être le vrai). Certainement il n'y était pas, mais j'ai l'imagination vagabonde et pour moi il y était.

Comment ! moi, révolutionnaire ; moi qui adore et respecte Raphaël.

Qu'est-ce qu'un art révolutionnaire ? à quelle époque cesse sa révolution ?

Si, ne pas obéir à Bouguereau ou à Roujon

constitue une révolution, alors là j'avoue être le Blanqui de la peinture.

Et cet excellent directeur des Beaux-Arts (centre droit) me dit aussi, en ce qui concernait les promesses de son prédécesseur : « Avez-vous un écrit ? »

Les directeurs des Beaux-Arts seraient-ils encore moins que les plus simples mortels des bas-fonds de Paris pour que leur parole, même devant témoins, ne soit valable qu'avec leur signature ?

Pour tant soit peu qu'on ait conscience de la dignité humaine on n'a plus qu'à se retirer ; c'est ce que je fis immédiatement, pas plus riche qu'auparavant.

Un an après mon départ pour Tahiti (deuxième voyage), ce très aimable et délicat directeur ayant appris par quelqu'un de naïf — sans doute — que mon admirateur croyait encore aux bonnes actions, que j'étais à Tahiti cloué par la maladie et dans une atroce misère, m'envoya très officiellement une somme de deux cents francs... *à titre d'encouragement.*

Comme on le pense, les 200 francs sont retournés à la direction.

On doit à quelqu'un et on lui dit : Tenez, voici une petite somme *dont je vous fais* cadeau, à titre d'encouragement.

*
* *

J'ai eu l'intention de haïr Bouguereau, puis c'est devenu de l'indifférence. Plus tard même, ce fut même le sourire, quand à Arles, allant au grand numéro, chez le père Louis, celui-ci, très fier, me fit faire connaissance avec son salon extra. En qualité d'artiste, je ne pouvais être bon juge, disait-il.

Dans ce salon deux très belles éditions Goupil. Une vierge de Bouguereau et en pendant — du même, une Vénus.

Le père Louis, en cette occasion, se montra homme de génie. En très splendide maquereau qu'il était, il avait compris l'art peu révolutionnaire de Bouguereau, et quelle était sa place.

*
* *

Cabanel ! c'est une autre affaire.

Je l'ai haï de son vivant, je l'ai haï après sa mort et je le haïrai jusqu'à la mienne.

Et voici pourquoi.

Je fis, jeune homme, un voyage dans le Midi, et à Montpellier je visitai ce fameux musée construit et donné avec toute la collection par M. Brias. Inutile de raconter quel était ce fameux Brias peintre et l'ami des peintres, ce qui fit le désespoir de Raoul de Saint-Victor.

Dans ce musée, le fond de la collection était une très belle collection de peintres italiens, Giotto; Raphaël, etc... Intermédiairement des Millet, des bronzes de Barye. De là on arrivait à une très grande salle dont le tiers se trouvait en surélévation de quelques marches. La collection intime de Brias, c'est-à-dire la sélection (à une époque), des peintres révolutionnaires. O Roujon !

Le portrait de Brias par lui-même, par Courbet, par Delacroix et d'autres...

De Courbet nombreuses toiles, entre autres son grand tableau des baigneuses.

De Delacroix nombreuses études et maquettes pour ses grandes décorations, entre autres un Daniel dans la fosse aux lions. Beaucoup de Corots, des Tassaërts, etc...

Une toile magistrale de Chardin. Un grand portrait d'une noble dame assise devant une table et faisant de la tapisserie. L'ensemble de tout cela, quoique révolutionnaire, était pour moi une source de joie, quand tout à coup mon œil se fixa sur un point tout à fait désharmonieux. Une petite toile représentant une tête de jeune homme, joli garçon comme un merlan. Stupidité et fatuité. Cabanel peint par lui-même...

J'ai fait un oubli dans cette nomenclature. Plusieurs choses de Ingres, entre autres un tableau fameux dont (ma mémoire me faisant défaut) j'ai oublié le titre.

C'est un jeune roi couché dans un lit et qui va mourir avec son secret. Dans l'alcôve, le médecin a la main placée sur le cœur du jeune homme.

Les jeunes servantes défilent, et le cœur, à la vue de l'une d'elles, tressaillit.

C'est un morceau de Ingres de premier ordre.

Bien des années plus tard, je revins en compagnie de Vincent visiter à nouveau ce musée.

Quel changement !

La plupart des dessins anciens avaient disparu et de toutes parts à leur place, des Acquisitions de l'État, 3e médaille.

Cabanel et toute son école avaient envahi le musée. Il faut vous dire que Cabanel était de Montpellier.

*
* *

Je hais la nullité, la demi-route.

Et dans les bras de l'aimée qui me dit : « O mon beau Rolla, tu me tues, » je ne veux pas être obligé de lui dire : « Non, je te rate. »

Il me faut tout. Je ne peux, mais je veux la conquérir. Laissez-moi prendre haleine et remis, m'écrier :

« Verse, verse encore ; courir, m'essouffler et mourir follement. Sagesse... que tu m'ennuies, bâillant sans cesse.

La philosophie est lourde, si d'instinct elle n'est

en moi. Douce au sommeil avec le rêve qui lui donne parure. Ce n'est pas science... tout au plus en germe. Multiple comme tout dans la nature, évoluant sans cesse, elle n'est pas une conséquence comme de graves personnages voudraient nous l'enseigner, mais bien une arme qu'en sauvages nous seuls fabriquons par nous-mêmes. Elle ne se manifeste pas comme une réalité, mais comme une image : tel un tableau : admirable si le tableau est un chef-d'œuvre.

L'art comporte la philosophie comme la philosophie comporte l'art. Sinon, que devient la beauté ?

Le Colosse remonte au pôle le pivot du monde ; son grand manteau réchauffe et abrite les deux germes, Séraphitus, Séraphita, âmes fécondes s'alliant sans cesse qui sortent de leurs vapeurs boréales pour aller sur tout l'univers apprendre, aimer et créer.

Vous voulez m'apprendre ce qui est en moi : apprenez d'abord ce qui est en vous. Vous avez résolu le problème, je ne saurai le résoudre avec vous. Et il nous appartient à tous de le résoudre.

Labeur sans fin ; sinon, que serait la vie ?

Nous sommes ce que nous avons été de tous les temps et nous sommes ce que nous serons dans tous les temps, une machine ballottée par tous les vents.

Les marins adroits et prévoyants évitent le danger là où les autres succombent, tenant

compte cependant d'un je ne sais quoi qui fait
vivre l'un au même endroit où un autre agissant
pareillement meurt.

Les uns veulent, d'autres se résignent sans
combat.

*
* *

J'estime que la vie n'a de sens que quand on la
pratique volontairement ou tout au moins en
son degré de volonté. La vertu, le bien, le mal
sont des mots. Si on ne les broie pour construire
un édifice, ils n'ont leur vrai sens que si l'on sait
les appliquer. Se remettre entre les mains de son
créateur, c'est s'annuler et mourir.

Saint Augustin et Fortunat le manichéen en
présence ont raison et tort tous deux, car là rien
ne se constate.

Le pouvoir du bien et le pouvoir du mal !

Se remettre entre leurs mains, c'est grave et
bien peu digne. C'est l'excuse...

Personne n'est bon, personne n'est méchant ;
tout le monde l'est semblablement et autrement.
Inutile à dire si les roublards ne disaient le contraire.

C'est si peu de chose la vie d'un homme et il y a
cependant le temps de faire de grandes choses,
morceaux de l'œuvre commune.

Je veux aimer et je ne peux pas.

Je veux ne pas aimer et je ne peux pas.

On traîne son double et cependant les deux s'arrangent. J'ai été bon quelquefois : je ne m'en félicite pas. J'ai été méchant souvent ; je ne m'en repens pas.

Sceptique, je regarde tous ces saints et ne les vois vivants. Aux niches de cathédrale ils ont un sens, là seulement.

Gargouilles aussi, monstres inoubliables : mon œil en suit les accidents sans effroi, bizarres enfantements.

L'ogive gracieuse allège la pesanteur du monument : les grandes marches invitent les passants curieux à voir le dedans. Le clocher. Croix d'en haut. Le grand transept. Croix du dedans. Dans sa chaire le prêtre bafouille de l'enfer ; sur leurs chaises, ces dames causent de modes : et j'aime mieux cela.

Comme on le voit, tout est sérieux, ridicule aussi. Les uns pleurent, les autres rient. Le château féodal, la chaumière, la cathédrale, le bordel.

Qu'y faire ?

Rien.

Il faut que cela soit et après tout ça n'a pas de conséquence. La terre tourne toujours. Tout le monde chie. Zola seul s'en occupe.

Mon grand-père me disait : « De notre temps ! » et à mon tour, grand'père, je dirai : « De mon temps. » Notre et mon, il y a une nuance. C'est la marche ascendante du moi sur le vous.

On nous parle d'Abraham, de la famille, de

César, de Brutus, etc... C'est qu'on a du temps à
perdre. Abraham est là-bas, et les enfants qu'on
ne sacrifie plus sont aux cinq parties du monde.
L'un est ministre et son frère est maquereau.
Le fils à Brutus c'est aujourd'hui le fils à papa.
Allez donc philosopher avec tout ça, à moins
qu'on veuille dire par là *Chi va piano va sano*.

Les gens graves regardent un hareng sec, sec,
sec pendu à un clou de la muraille, lui disant :
« Hareng saur de là » tout comme les augures dans
la belle Hélène qui font aussi leurs calembourgs.

Soyons tous dans le train, soyons bécarres,
demi-bécarres, très snobs.

Sinon, nous courons le risque qu'un nouveau
Roujon, directeur de la vie, nous dise que nous
sommes trop révolutionnaires.

*
* *

Ces nymphes, je les veux perpétuer... et il les
a perpétuées, cet adorable Mallarmé ; gaies, vigi-
lantes d'amour, de chair et de vie, près du lierre
qui enlace à Ville-d'Avray les grands chênes de
Corot, aux teintes dorées, d'odeur animale, péné-
trantes ; saveurs tropicales ici comme ailleurs,
de tous les temps, jusque dans l'éternité.

Les tableaux et les écrits sont des portraits de
l'auteur. La pensée n'a d'œil que pour l'œuvre.
Regardant le public, l'œuvre s'effondre.

Quand l'homme me dit : « Il faut, » je me révolte.

Quand la nature (ma nature), me le dit, je ne
transige que vaincu.

On dit verse, verse encore ; cela n'a de valeur
que si l'on souffre.

Sur une intelligence qui est mienne j'ai voulu
édifier une intelligence supérieure qui deviendra
celle de mon voisin si cela lui convient.

L'effort est cruel, mais il n'est pas vain. C'est
de l'orgueil et non de la vanité.

Sur un fond d'azur, une couronne seigneuriale,
une couronne d'orties et pour devise :

« Rien ne me cuit. »

C'est trivial mais hautain. On monte en riant
son calvaire ; les jambes flageolent sous le poids
de la croix ; arrivé on grince des dents et alors
redevenu souriant on se venge. Verse encore...
Femme qu'y a-t-il de commun entre nous : les
enfants ! ! ! ce sont mes disciples, ceux de la
deuxième renaissance.

Racheter les péchés des autres quand ils sont
des pourceaux ? Et pour cela s'immoler ? On ne
s'immole pas, on se fait vaincre.

Civilisés ! vous êtes fiers de ne pas manger de
chair humaine.

Sur un radeau vous en mangeriez... devant
Dieu qu'enfin tremblant vous invoquez.

En revanche tous les jours vous mangez le cœur de votre voisin.

Contentez-vous donc de dire : « Je n'ai pas fait » n'étant pas sûr de dire : « Je ne ferai. »

Mais tout cela est triste ? Oui, si vous ne savez pas en rire. Chez l'Indien au supplice, l'orgueil de savoir sourire devant la douleur rachète grandement la souffrance. Et... pourquoi forger les pleurs pour en pleurer.

On raisonne, mais libre.

C'est peut-être là la force du peuple.

Chez l'enfant aussi, l'instinct régit la raison.

*
* *

J.-Jacques Rousseau se confesse. C'est moins un besoin qu'une idée. L'homme du peuple est sale, mais apte à se nettoyer. On ne voulait pas le croire et cependant il a fallu le croire. C'est autre chose que Voltaire qui a dit à la caste noble : Vous êtes ridicules, nous sommes ridicules, restons ridicules.

Candide est un naïf enfant, il en faut... Restons ce que nous sommes.

Jacques le fataliste reste fatalement le serviteur.

Jean-Jacques Rousseau, c'est autre chose.

L'éducation d'Émile !! celle qui révolte un tas de braves gens. C'est encore la plus lourde chaîne qu'un homme ait essayé de briser. Moi-même dans

mon pays je n'ose y penser. Ici, désormais éclairé,
tranquillement je regarde. J'ai vu un chef indigène, celui qui sans la domination française serait
devenu roi, demander à un colon blanc marié
avec une blanche, lui demander un de ses enfants.
L'adoptant il lui aurait donné presque toutes
ses terres et 500 piastres d'économie en payement
au père.

Ici l'enfant est pour tous le plus grand bienfait
de la nature, et c'est à qui l'adoptera. Voilà la
sauvagerie des Maoris : celle-là je l'adopte.

Tous mes doutes se sont dissipés. Je suis et je
resterai ce sauvage.

Le christianisme ici ne comprend rien ... Heureusement que malgré tous ses efforts, conjoin-
tement avec les lois civilisées de succession, le
mariage n'est qu'une cérémonie d'amusement. Le
bâtard, l'enfant adultérin, seront comme par le
passé des monstres imaginaires de notre civilisation.

Ici l'éducation d'Émile se fait au grand soleil
qui éclaire, adopté de choix par quelqu'un et
adopté par toute la société.

Souriantes, les jeunes filles librement, peuvent
enfanter autant d'Émiles qu'elles voudront.

*
* *

Les subterfuges de la parole, les artifices du
style, brillants détours qui me conviennent quel-

quefois en tant qu'artiste, ne conviennent pas
à mon cœur barbare, si dur, si aimant. On les
comprend et l'on s'exerce à les manier ; luxe qui
concorde avec la civilisation et dont je ne dédaigne
pas les beautés.

Sachons nous en servir et nous en réjouir, mais
librement ; douce musique qu'à mon heure j'aime
à entendre jusqu'au moment où mon cœur réclame le silence.

Il y a des sauvages qui s'habillent quelquefois.

*
* *

J'ai peur que la jeunesse sortant d'un même
moule, trop joli à mon idée, ne puisse, quoiqu'elle
fasse, en effacer la trace.

L'art pour l'Art. Pourquoi pas.

L'art pour Vivre. Pourquoi pas.

L'art pour Plaire. Pourquoi pas.

Qu'importe. Si c'est de l'art.

Alors à vingt ans on dit : « Ce sera. »

J'en ai déjà tellement lus qui l'ont dit.

Quelle veine ! !

Et si un jour le nuage se dissipe, il faudra s'en-
têter, ou dire à nouveau « ce n'est plus cela »,
mais maintenant ce sera. Ainsi de suite jusqu'au
vieil âge.

J'en ai vu, tellement vu, de ces Chrysostomes
qui parlent d'or, un tas de fronts plissés. Ça me

rapetissait, mais je me disais : « Je me rattraperai. »

L'artiste, à dix ans, à vingt ans, à cent ans, c'est toujours l'artiste, tout petit, un peu grand et très grand.

N'a-t-il pas ses heures, ses moments : jamais impeccable, puisqu'homme et vivant. Le critique lui dit : « Voilà le nord, » un autre lui dit : « Le nord c'est le sud », soufflant sur un artiste comme sur une girouette.

L'artiste meurt, les héritiers tombent sur l'œuvre ; classent les droits d'auteur, l'hôtel des Ventes, les inédits et tout ce qui s'ensuit. Le voilà déshabillé complètement.

Pensant à cela, je me déshabille auparavant, ça soulage.

Cézanne peint rutilant paysage fonds d'outre-mer, verts pesants, ocres qui chatoient ; les arbres s'alignent, les branches s'entrelacent, laissant cependant voir la maison de son ami Zola aux volets vermillon qu'orangent les chr mes qui scintillent sur la chaux des murs. Les véronèses qui pétardent signalent la verdure raffinée du jardin, et en contraste le son grave des orties violacées au premier plan, orchestre le simple poème. C'est à Médan.

Prétentieux, le passant épouvanté regarde ce qu'il pense être un pitoyable gâchis d'amateur et souriant professeur il dit à Cézanne : « Vous faites de la peinture. »

16

— Assurément, mais si peu...

— Oh ! je vois bien : tenez, je suis un ancien élève de Corot et si vous voulez me permettre avec quelques habiles touches je vais vous remettre tout cela en place. Les valeurs, les valeurs... il n'y a que ça. »

Et le vandale impudemment étale sur la rutilante toile quelques sottises. Les gris sales cou vrent les soieries orientales.

Cézanne s'écrie : « Monsieur vous avez de la chance, et faisant un portrait vous devez sans doute mettre les luisants sur le bout du nez, comme sur un bâton de chaise. »

Cézanne reprend sa palette, gratte avec le couteau toutes les saletés du monsieur.

Et après un temps de silence, il lance un formidable pet, se retourne vers le monsieur, disant : « Hein ! » ça soulage.

*
* *

Je viens de lire...

Les mains assorties... (au besoin ça se comprend), mais, main assortie ! !

Désormais je n'achèterai plus une paire de gants, mais un gant assorti.

J'aime la critique quand elle m'instruit. J'aime aussi l'esprit quand il fleure bon, mais la Blague : est-ce de la critique ?

Mais on fait son métier. Tous les métiers ne sont pas nécessaires.

Nous, sauvages, nous nous défions des fatras, et si l'on cogne c'est la masse et non la perfide épingle assortie.

Pesanteur et féminine distinction... au choix.

*
* *

Il s'agit d'un livre que je n'ai pas lu. Chez l'auteur *si cela* est, il y a une autre chose qui le fait comprendre. Le critique n'en parle pas, c'est donc qu'on nous mystifie, nous et l'auteur. L'auteur dit que de près ce serait ridicule de craindre l'homme, mais on le craint de loin. C'est peut-être très fin, mais assurément ce n'est pas vrai.

Mon bon oncle d'Orléans qu'on appelait Zizi parce qu'il se nommait Isidore et qu'il était tout petit, m'a raconté que lorsque j'arrivais du Pérou nous habitions la maison du grand-père : j'avais sept ans.

On me voyait quelquefois dans le grand jardin, trépignant et jetant le sable tout autour de moi...

« Eh bien, mon petit Paul, qu'est-ce que tu as ? » Je trépignais encore plus fort, disant : «Bébé est méchant. »

Déjà enfant je me jugeais et j'éprouvais le besoin de le faire savoir. D'autres fois on me voyait immobile, en extase et silencieux sous un noisetier qui ornait le coin du jardin ainsi qu'un figuier.

« Que fais-tu là, mon petit Paul ?

— J'attends que les *noisettes*, elles tombent. » En ce temps, je commençais à parler français et par habitude sans doute de la langue espagnole, je prononçais avec affectation toutes les lettres.

Un peu plus tard je taillais avec un couteau et sculptais des manches de poignard sans le poignard ; un tas de petits rêves incompréhensibles pour les grandes personnes. Une vieille bonne femme de nos amies s'écriait avec admiration : « Ce sera un grand sculpteur. » Malheureusement cette femme ne fut point prophète.

On me mit externe dans un pensionnat d'Orléans. Le professeur dit : « Cet enfant sera un crétin ou un homme de génie. » Je ne suis devenu ni l'un ni l'autre.

Je revins un jour avec quelques billes de verre colorié. Ma mère furieuse me demanda où j'avais eu ces billes. Je baissai la tête et je dis que je les avais changées contre ma balle élastique.

« Comment ? toi mon fils, tu fais du négoce. »

Ce mot négoce dans la pensée de ma mère devenait une chose méprisante. Pauvre mère ! elle avait tort et avait raison en ce sens que déjà enfant je devinais qu'il y a un tas de choses qui ne se vendent pas.

A onze ans j'entrai au petit Séminaire où je fis des progrès très rapides.

Je lis dans le *Mercure* quelques appréciations de quelques littérateurs sur cette éducation de séminaire dont ils ont eu à se débarrasser plus tard.

Je ne dirai pas comme Henri de Régnier que cette éducation n'entre en rien dans mon développement intellectuel : je crois, au contraire, que cela m'a fait beaucoup de bien.

Quant au reste, je crois que c'est là où j'ai appris dès le jeune âge à haïr l'hypocrisie, les fausses vertus, la délation (*Semper tres*) ; à me méfier de tout ce qui était contraire à mes instincts, mon cœur et ma raison. J'appris là aussi un peu de cet esprit d'Escobar qui, ma foi, est une force non négligeable dans la lutte. Je me suis habitué là à me concentrer en moi-même, fixant sans cesse le jeu de mes professeurs, à fabriquer mes joujoux moi-même, mes peines aussi, avec toutes les responsabilités qu'elles comportent. Mais c'est un cas particulier, et en général je crois que l'essai en est dangereux.

*
* *

Il y a quelque temps un jeune homme, M. Rouart, fit en Belgique une conférence. J'aime assez que les jeunes, quitte à se tromper, bien intentionnés, soient à la recherche d'un meilleur, affirment leurs opinions.

Sa parole fut éloquente sans rien prouver, en ce sens que la vie intellectuelle d'artiste ou autre ne se règle qu'avec les nécessités si diverses qui existent à chaque époque. Et si je croyais, en pareil cas, l'utilité de la parole, je ferais une conférence qui s'adresserait aux non artistes leur disant : « Faites vivre les artistes. »

Mais de quel droit dire à son voisin : « Fais-moi vivre. » Il faudra se résigner à ce qu'il y ait des riches et des pauvres. Voilà plus de trente ans que je vois des efforts de toute espèce en groupes et sociétés et je n'ai jamais vu que l'effort individuel qui puisse compter.

Que dire de cette extraordinaire fumisterie, le Champ de Mars.

A l'Exposition universelle de 1889, les gens de la haute, dans les Beaux-Arts, allaient souvent se rafraîchir au café d'en face, le café Volpini. Sur mon instigation les murs du café avaient été décorés avec des tableaux d'un petit groupe ; j'en faisais partie.

C'est là que le plus grand des peintres, Meissonier, se frappa le front et dit :

« Messieurs, il est grand temps de devenir des peintres libres et libéraux ; lâchons cette ignoble boîte où il y a des jurys, des médailles, des récompenses comme au collège. Plus de médailles,

désormais, maintenant que nous les avons toutes.
Il nous faut élargir le centre de notre clientèle
et pour cela faire une grande part aux artistes
étrangers. A nous les dollars. »

Ce fut une société splendide.

La Norvège, la Suède, l'Amérique. Les Paul-
sen, les Henrysen, les Harrisson, tous les Medio-
crisen enfin. Une vraie invasion, impressionniste,
synthétiste, libéraliste, symboliste. Liberté, égalité, fraternité. Chacun sa cimaise. On crut à
une renaissance.

Les Puvis de Chavannes, les Carrière, les Cazin,
quelques autres mêlés avec les Carolus, les
Besnard, les Frappa ! Tous également, socié-
taires, s'écriant : « Place aux jeunes, mais pour
ceux-là plus de médaille. »

C'était très malin, et les recettes devinrent
extraordinaires...

M. Rouart, si je l'ai compris, a été préoccupé
d'une chose qui perce malgré lui dans sa conférence. C'est la défense de la bourgeoisie. Pourquoi faire ?

Drumont défend-il le catholicisme en atta-
quant les Juifs ?

Voyez-vous, je crois que nous sommes tous des
ouvriers. Les uns s'encrapulent, les autres s'ano-
blissent.

Nous avons tous devant nous l'enclume et le
marteau : c'est à nous de forger.

*
* *

Enquête sur l'influence allemande.

Nombreuses réponses que je lis avec intérêt, et tout à coup je me mets à rire. Brunetière !

Comment ? La *Revue du Mercure* a osé s'adresser, interroger la *Revue des Deux Mondes*.

Brunetière, si long à réfléchir qu'il ne sait pas encore à qui il devra s'adresser pour lui faire sa statue.

Rodin. Peut-être ! cependant son Bal ac était si peu réussi et ses bourgeois de Calais... si peu savants.

Et il dit : « Tout le monde aujourd'hui parle de tout sans rien avoir appris. »

Il me semble là que tout le monde a son paquet au *Mercure*.

Pauvres Rodin et Bartholomé qui croyaient avoir appris la sculpture.

Pauvre Remy de Gourmont qui croyait avoir appris quelque peu de la littérature.

Et nous pauvre public qui avons cru qu'il y avait d'autres artistes que M. Brunetière. Il est évident que la foule s'incline devant celui qui est chargé de reliques, mais si j'en crois la fable, quelquefois les reliques sont trop lourdes et l'on se noie.

Heureusement que je n'ai pas été interrogé, car sans modestie, moi qui n'ai rien appris, j'aurais été tenté de répondre que Corot et Mallarmé étaient bien français. Je serais alors aujourd'hui singulièrement mortifié.

Je ne suis pas savant, mais je crois qu'il y a des savants : je crois aussi qu'un savant trouvera un jour le principe exact de pondération entre le génie et le talent.

Il me semble qu'en ce moment, plus le génie baisse, plus le talent monte.

Je vais faire comme M. Brunetière, je vais me mettre à réfléchir ; réfléchir si longtemps que je n'oserai plus tenir un pinceau, et écrire quoi que ce soit. Il faut être prudent.

Ne quittez pas le chapeau, sinon le génie s'envole.

A ma fenêtre ici, aux Marquises, à Atuana, tout s'obscurcit, les danses sont finies, les douces mélodies se sont éteintes. Mais ce n'est pas le silence. En *crescendo* le vent zigzague les branches, la grande danse commence ; le cyclone bat son plein. L'Olympe se met de la partie ; Jupiter nous envoie toutes ses foudres, les Titans roulent les rochers, la rivière déborde.

Les immenses maiore sont renversés, les cocotiers ploient leur échine, et leur chevelure frise la terre ; tout fuit : les rochers, les arbres, les cadavres entraînés vers la mer. Passionnante orgie des Dieux en courroux.

Le soleil revient, les cocotiers altiers relèvent

leur panache, l'homme aussi ; les grandes douleurs sont passées, la joie est revenue, la mère
sourit à l'enfant.

La réalité d'hier devient la fable et on l'oublie.

*
* *

Il est temps de cesser tout ce bavardage, le
lecteur s'impatiente : et je termine non sans
écrire à la fin une petite préface.

J'estime (autrement que Brunetière), qu'aujourd'hui on écrit beaucoup trop. Entendons-
nous sur ce sujet.

Beaucoup, beaucoup, savent écrire, c'est incontestable, mais très peu, excessivement peu,
se doutent de ce que c'est que l'art littéraire qui
est un art très difficile.

La même chose se passe pour les arts plastiques,
et cependant tout le monde en fait.

Il est cependant du devoir de chacun de s'es-
sayer, de s'exercer.

A côté de l'art, l'art très pur, il y a cependant,
étant donné la richesse de l'intelligence humaine,
et de toutes ses facultés, beaucoup de choses à
dire et *il faut les dire*.

Voilà toute ma préface ; je n'ai pas voulu faire
un livre qui ait la plus petite apparence d'œuvre
d'art (je ne saurais) : mais en homme très informé de beaucoup de choses qu'il a vues, lues

et entendues dans tous les mondes, monde civilisé et monde barbare, j'ai voulu en pleine nudité,
sans crainte et sans honte, écrire... tout cela.

C'est mon droit. Et la critique ne saura empêcher que cela soit, même si c'est infâme.

Marquises. Atuana, janvier, février 1903.

FIN

5406. — Tours, Imprimerie E. Arrault et Cⁱᵉ.